Römische Mythologie

*Geschichten aus dem
römischen Pantheon*

Adam Andino

Inhaltsübersicht

Einleitung: Eine kurze Geschichte der römischen Mythologie

Veni. Vidi. Vici. "Ich kam. Ich sah. Ich siegte."

Julius Caesar, der erste römische Kaiser und Kriegstreiber, schrieb eine der berühmtesten lateinischen Redewendungen, die die Menschheit kennt, nachdem er um 47 v. Chr. Gallien erobert und damit das Imperium noch weiter ausgedehnt hatte. Sein Ruf eilt ihm voraus, auch fast zwei Jahrtausende später. So beeindruckend Caesars militärische Karriere auch war, die Stadt Rom und ihre Bewohner waren schon Hunderte von Jahren vor ihm in der Region ansässig und blieben es bis zum Untergang des Römischen Reiches.

Der Zusammenbruch des Römischen Reiches ist in historischen Kreisen sehr umstritten. Die einen sagen, es sei mit dem Aufstieg des Byzantinischen Reiches im Jahr 476 n. Chr. untergegangen, die anderen meinen, es sei im 15.

Warum ist das Römische Reich untergegangen? Es gibt zahlreiche Theorien, darunter der Aufstieg des Islam, Blei im Trinkwasser, die Inflation und andere wirtschaftliche Probleme und sogar die Tatsache, dass Vandalen und Barbaren an die Macht kamen. Die bei weitem populärste und am weitesten verbreitete Theorie ist die des Aufstiegs des Christentums. Zuvor war die Hauptreligion Roms polytheistisch, d. h. es wurden viele Götter angebetet. Sie war das Lebenselixier der römischen Glaubenssysteme und Kultur. Diese Kultur reichte Tausende von Jahren zurück, bis in die Zeit, als die Etrusker an der Macht waren.

Griechische und lateinische Einflüsse

Die ursprünglichen Römer hießen nicht Römer, sondern gehörten zu einem kleinen Zentrum von Dörfern, die in dem als Latium bekannten Gebiet angesiedelt waren. Diese Menschen waren als Latiner bekannt, und sie waren sehr abergläubisch und glaubten an viele Götter, Göttinnen und Geister. Ihr Hauptanliegen war damals, dass die Götter über den Hof und das Haus wachten. Im Laufe der Zeit wurde das Zentrum zu einer Stadt und kam schließlich mit den Griechen in Kontakt. Der griechische Einfluss auf die Latiner war immens. Sowohl die Lateiner als auch die Griechen waren polytheistisch und hatten viele Gottheiten, die über dasselbe Element oder dieselbe Macht herrschten. Die Lateiner erkannten dies und behielten zur Unterscheidung zwischen den beiden Religionen ihre lateinischen Namen bei. So ist der griechische Gott Zeus in der römischen Mythologie heute als Jupiter bekannt.

Für das ungeübte Auge mögen die griechische und die römische Mythologie identisch sein, aber die Römer haben ihre eigenen Mythen und Legenden. Zum Beispiel hat Rom eine lange und komplizierte Geschichte seiner Gründung: Von Aeneas auf der Flucht vor dem Trojanischen Krieg bis zu Romulus und Remus hat Rom einen Weg gefunden, sich von seinen griechischen Vorgängern abzuheben. Einige der Gottheiten haben ihren Ursprung bei den Etruskern, wobei einer der frühesten Götter als Janus bekannt ist. Janus hat keine griechische Entsprechung, da diese besondere Gottheit vor dem Einfall der Griechen entstand.

Tolerante Religion

Viele polytheistische Religionen, ob in der Vergangenheit oder Gegenwart, waren überraschenderweise sehr tolerant gegenüber anderen Religionen. Mit Ausnahme des Christentums und der Judenverfolgung um die Jahrtausendwende haben die Römer in Bezug auf die Religion nur wenige Gräueltaten um einer Anhängerschaft willen begangen. Zum Beispiel gab es nur selten Menschenopfer. Während die Römer ihr Reich ausdehnten, ließen sie sich von den lokalen Gottheiten der jeweiligen Region inspirieren. Ein Beispiel dafür ist Isis, die ägyptische Göttin der Erde. Anstatt ganz auf die Religion zu verzichten, errichteten sie stattdessen Tempel in ihrem Namen und integrierten sie in ihr Götterreich.

Der Einfluss der Götter auf das tägliche Leben

Die Religion hatte einen großen Einfluss auf das tägliche Leben der Römer, auch wenn sie nicht direkt in ihre Gesetze zur Aufrechterhaltung der Ordnung einfloss. Da die Religion in der Gesellschaft der Lateiner so tief verwurzelt war, war sie natürlich auch in der römischen Gesellschaft eine treibende Kraft. Im Gegensatz zu anderen religiösen Texten, wie z. B. der Bibel, gab es keinen formellen Verhaltenskodex. Die Rituale und der Glaube an die Bedeutung des Hofes und des Heims waren schon vor der zukünftigen Komplexität Roms fest etabliert.

Verehrung der Gottheiten

Die Römer hatten zwar keinen offiziellen Verhaltenskodex, aber sie verehrten ihre Götter im Hinblick auf die Bedürfnisse in ihrem Leben. Ein Paar, das sich ein Kind wünschte, betete zu Juno, der Göttin der Fruchtbarkeit; ein Bauer betete zur Göttin des Ackerbaus, Ceres, um ein Jahr mit reicher Ernte. Jeder Gott oder jede Göttin hatte seine/ihre Aufgabe. Im Namen der jeweiligen Götter wurden Tempel errichtet. Bei der Errichtung der Tempel wurden keine Kosten gescheut, vor allem nicht bei denen der 12 Hauptgottheiten des Pantheons. Sie waren mit Priestern ausgestattet, die dem Tempel des jeweiligen Gottes dienten, z. B. Jupiter oder Minerva. Die Priester deuteten Zeichen und Omen, von denen sie glaubten, dass sie von den Göttern geschickt wurden, und halfen denjenigen, die Rat brauchten.

Um ihre Verbindung zu den Göttern weiter zu stärken, feierten die Römer das ganze Jahr über zahlreiche Feste und Rituale. Eine der beliebtesten Traditionen, die bis heute gefeiert wird, heißt *Saturnalien* und fällt auf den 17. Dezember zur Feier der Wintersonnenwende. Mit jeder neuen Regierung, wie z. B. der Republik, dem augusteischen Reich und der Herrschaft Caligulas, weitete sich das einstige eintägige Fest zu einem Feiertag der Freude und eventueller Ausschreitungen aus. Es diente auch dazu, dem Gott der Landwirtschaft, Saturn, zu huldigen. Schweineopfer im Saturntempel bildeten den Auftakt zu den Feierlichkeiten in der Nacht vor dem Fest und wurden am nächsten Tag zum Festmahl gereicht. Es wurden große Mengen Wein getrunken, die Glücksspielgesetze wurden gelockert, und die Sklaven wurden für das Fest von ihren Pflichten befreit. Bäume, deren Blätter noch grün waren, schmückten die Stadt, und in der Nacht wurden Laternen und

Kerzen angezündet. Wie es zur Tradition gehörte, wurden kleine Geschenke von Freunden, Verwandten und Bekannten verteilt und entgegengenommen.

Obwohl die Saturnalien nur eines der vielen Feste im alten Rom waren, erinnerten sie an die Macht der Götter. Die Anwesenheit der Götter war im täglichen Leben ständig spürbar, von Gebeten über Opfergaben in einem Tempel bis hin zu Zeiten der Fröhlichkeit bei zahlreichen Festen und Feiertagen. Die meisten Götter wurden gefeiert, einige wurden sogar gefürchtet, um von schlechten moralischen Prinzipien abzuschrecken. Die Hauptgötter des Pantheons standen jedoch an der Spitze.

Kapitel 1: Die 12 wichtigsten Götter und Göttinnen

Die wichtigsten Götter und Göttinnen des römischen Pantheons beherrschten die Oberwelt und hatten im Leben der Römer das Sagen. Diese Götter und Göttinnen herrschten an der Spitze und wurden am meisten von den Göttern verehrt. Sie sind auch die bekanntesten in der Geschichte.

Apollo: Gott der Sonne

Apollo war zwar als Sonnengott bekannt, wurde aber auch als Gott der Musik, der Heilung, des Ackerbaus und der Prophezeiung bezeichnet. Viele Geschichten drehten sich um seine Wildheit und Sanftmut. Als einer der (vielen) Söhne Jupiters und einer Mutter sterblicher Herkunft, zusammen mit seiner Zwillingsschwester Diana, war die Vielschichtigkeit seiner Persönlichkeit nicht überraschend. Es heißt, dass einige der anderen Götter Angst vor seinen Wutausbrüchen hatten. Apollo trägt in der griechischen und römischen Mythologie denselben Namen - der einzige Hauptgott, der diesen Unterschied aufweist.

Ceres: Göttin der Landwirtschaft

Ceres war die Göttin des Ackerbaus, der Fruchtbarkeit und der Ernte, und sie war die Matriarchin der Familie. In ihrer

Großzügigkeit schenkte sie den Bauern die Gabe des Ackerbaus, so dass diese lernten, ihre Familien zu ernähren und so die Gemeinschaft zu vergrößern. Ceres' Stimmung änderte sich im Herbst und Winter, als ihre Tochter Proserpina, die von Jupiter gezeugt wurde, mit Pluto in der Unterwelt lebte und die Ernte verdorren ließ. Im Frühling und Sommer freut sie sich über die Rückkehr ihrer Tochter und das neue Wachstum. Ceres' Bindungen zur Familie sind ihr wichtig. Als eine von Jupiters Schwestern ist die Familie in ihr verwurzelt.

Diana: Göttin der Jagd

Im Gegensatz zu Apollo ist seine Zwillingsschwester Diana eine zurückhaltende, private Göttin. Sie ist die Göttin der Jagd, des Mondes, der Natur und der Fruchtbarkeit, vor allem aber der Geburten. Sie beschützte die Frauen während der Geburt und sorgte für eine ergiebige nächtliche Jagd für die Jäger. Ihr bemerkenswertester Besitz ist ihr Wagen, der den Mond und die Dunkelheit über den Himmel zog. Dianas Stimmung beeinflusste die Größe des Mondes: Je kleiner der Mond, desto fauler und launischer fühlte sie sich.

Juno: Königin der Götter und Göttin der Fruchtbarkeit

Juno, deren Name für immer als Juni im Kalender verankert ist, war die Königin der Götter. Sie war mit ihrem Bruder Jupiter verheiratet und ist die Mutter von Vulkan, Mars, Juventas und Bellona. Sie war auch als Schutzgöttin von Rom bekannt. Als Mitglied der kapitolinischen Triade, den drei höchsten Göttern der Religion, herrschte sie über Fruchtbarkeit, Ehe und Frauen im Allgemeinen. Sie war die Beschützerin der verheirateten Frauen und Roms; allerdings war sie eine notorisch eifersüchtige und rachsüchtige Göttin aufgrund der vielen Affären Jupiters und seiner unehelichen Kinder.

Jupiter: König der Götter und Gott des Himmels

Als König aller Gottheiten herrschte Jupiter mit dem Donnerkeil in der Hand über den Himmel, die Blitze und den Donner. Er war nicht nur der Gott des Himmels, sondern stand auch den Römern vor und schützte den Staat und alle Gesetze, die durch den Staat umgesetzt wurden. Er war das jüngste von sechs Geschwistern und führte die Revolution an, um die Götter von der tyrannischen Herrschaft seines Vaters Saturn zu befreien. Er und seine beiden Brüder teilten die Reiche auf: Jupiter beherrschte den Himmel und ernannte sich selbst zum König, Neptun regierte das Meer und Pluto die Unterwelt. Jupiter hatte auch drei Schwestern: Juno, die er später heiratete, Ceres und Vesta. Obwohl er von den Römern geliebt wurde, rief seine Vorliebe für sterbliche Frauen und andere Göttinnen oft Junos Zorn und Eifersucht auf ihn und die Kinder, die er zeugte, hervor. Einige der bekanntesten seiner Kinder sind Herkules, Minerva, Proserpina, Bacchus, Apollo, Diana, Vulkan in einigen Mythen, Juventas, Bellona, Mars und Helena von Troja. Jupiter gehört zusammen mit Juno und Minerva auch zur kapitolinischen Triade.

Mars: Gott des Krieges

Mars ist der Gott des Krieges, der Landwirtschaft und der militärischen Macht als Mittel zum Frieden. Sein Blutrausch schützte die Staats- und Stadtgrenzen und beendete jedes Scharmützel, als das Römische Reich expandierte. Juno und Jupiter waren seine Eltern, und so kam seine komplexe Persönlichkeit zum Vorschein. Mars zeugte Romulus und Remus, die Gründer der Stadt Rom, sowie Venus und zwei weitere Kinder.

Merkur: Bote der Götter und Gott der Finanzen

Als Bote der Götter hatte Merkur viele Aufgaben zu erfüllen. Bekannt für seine Loyalität, Vertrauenswürdigkeit und geflügelten Sandalen, war er der schnellste und gerissenste der Hauptgötter. Er war der Gott der Finanzen, des Betrugs, des Diebstahls, des Handels, der Kommunikation und des Reisens. Er war der Beschützer von allem, was mit Finanzen zu tun hatte: Ladenbesitzer, Händler und Diebe. Der Götterbote begleitete die Seelen der Toten zum Fluss Styx, von wo aus sie in die Unterwelt übergesetzt wurden.

Minerva: Göttin der Weisheit

Minerva, die Göttin der Weisheit, des Handwerks, des Handels und der Strategie, ist eine der mächtigsten aller Götter. Man glaubte, dass Minerva die Favoritin von Jupiters Kindern war, da er ihr den verbleibenden Platz in der kapitolinischen Triade gab. Sie war eine der am meisten verehrten Götter und Sterblichen gleichermaßen.

Neptun: Gott des Meeres

Neptun, die römische Version von *Aquaman*, war der Gott des Süß- und Salzwassers. Sein Zorn war gefürchtet, da er in seiner Wut schwere Stürme mit kabbeligem Wasser verursachte. Er war ein berühmter Reiter und beschützte die Pferde und beaufsichtigte zusammen mit Minerva Pferde- und Wagenrennen. Zu seinen fünf Geschwistern gehörten seine Brüder Jupiter und Pluto und seine Schwestern Juno, Ceres und Vesta.

Venus: Göttin der Liebe

Wenn es um die ultimative Göttin der Liebe geht, dann war es Venus. Zu ihren weiteren Beinamen gehörten Fruchtbarkeit, Sex, Schönheit und Vergnügen. Sie war ein Kind von Jupiter und mit Vulkan, dem Gott der Schmiede, verheiratet. Ihre berühmte Liebesaffäre mit Mars wurde von vielen Römern wegen ihrer Leidenschaft und Liebe füreinander begehrt. Sie hatte vier Kinder mit Mars, darunter Romulus und Remus, aber ihre Linie wird von ihrem Sohn Aeneas überholt.

Vesta: Göttin des Herdes

Selten in ihrer göttlichen Form dargestellt, ist sie die Göttin, die symbolisch als Flamme dargestellt wird. Sie war die Göttin des Herdes und des Hauses. Sie beschützte das römische Volk und war die übrige Schwester Jupiters. Ein ganzer Kult wurde nach ihr benannt: die Vestalinnen. Sie widmeten 30 Jahre ihres Lebens dem Dienst an ihrem heiligen Tempel und der Pflege der ewigen Flamme, die einem römischen Kaiser überreicht wurde. Diese Flamme sollte Rom vor Schaden bewahren, und wenn sie erlöschen würde, so glaubte man, würde Rom fallen. Vestas Tempel war exklusiv; nur die Priesterinnen hatten Zutritt, um zu beten und die Flamme zu hüten.

Vulkan: Gott der Schmiedekunst

Der verbleibende Hauptgott ist Vulkan, der Gott der Schmiedekunst, einschließlich des Handwerks und der Schmiedekunst, der Waffen, der Vulkane und des Feuers. Als einer der Söhne von Jupiter und Juno schwang er oft den Hammer, um die besten Waffen herzustellen und die Schmiede anzuleiten. Vulkan war auch der Ehemann von Venus.

Kapitel 2: Charaktere und Kreaturen

Es gab nicht nur zwölf Hauptgötter, sondern die Römer verehrten eine Fülle weiterer Götter und Göttinnen. Zwar überschnitten sich viele von ihnen in ihrer Nützlichkeit, aber die Götter überwachten jeden Aspekt des Lebens der Römer. Vor der Einführung des Christentums und damit der katholischen Kirche glaubten die Römer an Nebengötter, Halbgötter und abscheuliche Kreaturen, um Moral und Tugenden zu lehren und Kinder zu erschrecken, damit sie sich benehmen.

Im Folgenden finden Sie einige Beispiele für kleinere Götter, Halbgötter, Helden und einige der Kreaturen im römischen Pantheon.

Kleine Götter

Viele der Nebengötter hatten einen geringen Einfluss auf das Leben der Römer. Einige der Götter wurden von den Griechen übernommen, aber es gibt auch einige rein römische Nebengötter. Diese Götter waren auf bestimmte Fähigkeiten spezialisiert, während die Hauptgötter über die Römer als Ganzes wachten. Nachstehend einige Beispiele.

Janus: Gott der Türen und Übergänge

Janus, der Gott mit den zwei Gesichtern, hatte die Macht, in die Zukunft und in die Vergangenheit zu sehen. Er wurde in einem Bogengang außerhalb des Circo Massimo dargestellt. Als Gott mit zwei Gesichtern stand er für Türöffnungen, Übergänge, Tore, Zeit, Dualität, Anfang und Ende und Durchgänge. Er war einer der ersten Götter, die vor dem griechischen Einfluss verehrt wurden, und blieb einer der wenigen Götter, die streng römisch waren. Der Monat Januar ist ihm zu Ehren benannt, da er das Ende eines Jahres und den Beginn eines neuen Jahres markiert. Die Türen seines Tempels standen für Zeiten des Krieges und des Friedens. Wenn die Türen offen waren, herrschte in Rom Frieden. Wenn die Tür geschlossen war, trat Rom in eine Welt des Krieges ein.

Nox: Göttin der Nacht

Nox entstammte dem Chaos, ihrem Elternteil, und war eines der ältesten aller Wesen. Sie war die ursprüngliche Göttin der Nacht und heiratete den Gott der Dunkelheit, Erebus. Normalerweise wurde sie entweder als Göttin in einem Wagen dargestellt, der von dunklem oder schwarzem Nebel umhüllt war. Nox war allein verantwortlich für die Beschwörung des Schicksals, des Schlafs, des Schmerzes, des Streits und des Todes sowie einer Reihe anderer dunkler Geister.

Proserpina: Göttin der Fruchtbarkeit

Proserpina, die Tochter von Ceres und Jupiter und Ehefrau des Königs der Unterwelt, Pluto, war die Göttin des Weins, der Landwirtschaft und der Fruchtbarkeit. Obwohl sie vor allem dafür bekannt war, von Pluto entführt worden zu sein, war sie auch eine Göttin, die über die Römer in Zeiten der Ernte und des Anbaus von Feldfrüchten wachte. Wir werden mehr über Proserpina in Kapitel 7: Der Grund für den Wechsel der Jahreszeiten erfahren.

Pluto: Gott der Unterwelt

Pluto war der Bruder von Jupiter und Neptun, der zum König der Unterwelt gewählt wurde. Seine Königin, Proserpina, regierte mit ihm die Hälfte des Jahres. Er ist der Gott des Todes und des Reichtums und hat eine Vorliebe für Diamanten, das reichste Erz, das Götter und Menschen kennen. In gewisser Weise war er auch der Gott des Ackerbaus, denn er beherrschte das Land tief unter der Erde und wachte über das Wachstum der Samen. Im Gegensatz zur griechischen Darstellung des Gottes Hades feierten die Römer ihn sowohl als wunderbaren Ehemann von Proserpina als auch als strengen Herrscher.

Saturn: Gott der Zeit

Saturn war der Vater von sechs Kindern: Jupiter, Pluto, Ceres, Juno, Neptun und Vestas, und wurde von ihnen in einer von Jupiter angeführten Revolte gestürzt. Er war vor allem der Gott der Zeit, aber auch des Reichtums, der Zeugung, der Landwirtschaft und der periodischen Befreiung. In seinem Namen wurde ein Fest namens Saturnalien gefeiert, das am 17. Dezember ein bis fünf Tage dauerte. In der Zeit, in der Saturn herrschte, genossen die Römer ein reiches Leben mit wenig bis gar keiner Arbeit.

Halbgötter und Helden

Halbgötter und Helden bildeten eine eigene Kategorie. Jeder der genannten Halbgötter oder Helden war tief in der römischen Mythologie und der Gründung Roms selbst verwurzelt. Sie waren dafür bekannt, Kreaturen in Prüfungen zu bekämpfen und sogar Feste zu feiern. Die Halbgötter und Helden erinnerten die Römer daran, in ihren Prüfungen und Nöten standhaft zu bleiben, vor allem wenn es um ihr Schicksal ging. Im Folgenden finden Sie weitere Informationen über einige der berühmtesten Halbgötter und Helden: Aeneas, Bacchus, Herkules, Remus und Romulus.

Aeneas

Die Geschichte des Aeneas wird im nächsten Kapitel ausführlicher behandelt, doch ist er vor allem als Vater und Gründer der Region Latium bekannt, die er auf der Flucht vor den Griechen in Troja gründete. Als ihr Sohn unterstützte Venus ihn oft bei seinen Reisen und rekrutierte Hilfe für ihn. Er reiste sechs Jahre lang, um eine neue Zivilisation für sein Volk, die Äneaten, zu entdecken. Seine Blutlinie war für die Gründung von Rom verantwortlich: Romulus und Remus.

Romulus und Remus

Remus gehörte zusammen mit seinem Zwillingsbruder Romulus zu der langen Reihe der Gründer Roms. Um Remus und Romulus ranken sich viele Mythen, auch um ihre Abstammung. Ihre Mutter, Rhea, soll eine Nachfahrin von Aeneas gewesen sein, und ihr Vater war Mars, der Kriegsgott. Remus wurde bei einem Streit mit seinem Bruder über den Ort der Gründung einer neuen Stadt während ihrer Herrschaft getötet. Romulus herrschte weiterhin über die Stadt, die nach ihm Rom genannt wurde, und er regierte bis zu seinem Tod als König der Römer.

Bacchus

Bacchus war vor allem der römische Gott des Weins, aber er hatte auch seine Hände in der Landwirtschaft und der Fruchtbarkeit. Es heißt, er habe den Römern beigebracht, wie man Wein durch die Gärung von Trauben herstellt. Obwohl er immer noch als Gott galt, war sein Vater Jupiter und seine Mutter eine Sterbliche. Jupiter war berüchtigt für seine Affären mit sterblichen Frauen und Göttern gleichermaßen. Im Fall von Bacchus war er jedoch der erste, der mit seinem Vater im Himmel regierte. Er trug bekanntlich überall einen Weinkelch mit sich herum und war das Gesicht der öffentlichen Trunkenheit.

Herkules

Dank des Disney-Films *Hercules ist* dieser Halbgott für seine Mühen und seine zahlreichen Begegnungen mit Pluto bekannt. Herkules, dessen Vater Jupiter und dessen Mutter eine Sterbliche war, zeichnete sich vor allem durch seine unmenschliche Körperkraft, seinen unermesslichen Mut und seinen Einfallsreichtum aus. Mit seinen zwölf Taten konnte er die Welt für die Normalsterblichen sicherer machen. Nach seinem Tod entschied er sich, gemeinsam mit seinem Vater als Gott der Helden aufzusteigen und zu regieren.

Kreaturen und Ungeheuer

Die Kreaturen und Monster der römischen Mythologie sind eine der vielen Inspirationen für die Darstellungen von Kreaturen in heutigen Filmen, Fernsehsendungen und Büchern. Unzählige Künstler haben sich von den Kreaturen und Monstern inspirieren lassen, um ihre eigenen Helden- und Abenteuergeschichten zu erzählen.

Kakus

Cacus war der Sohn von Vulkan und lebte in einer Höhle auf dem zukünftigen Gelände Roms, in der Nähe des Palatinhügels. Als feuerspeiender Riese, der sich an Menschenfleisch labte, terrorisierte er die umliegenden Dörfer. Um Salz in die Wunde des Menschenfleisches zu streuen, nagelte er die Köpfe seiner Opfer an die Tür zum Eingang seiner Höhle. Cacus wurde später von Herkules beseitigt.

Zyklop

Der Zyklop in der römischen Mythologie war ein Riese mit einem einzigen, wulstigen Auge in der Mitte seiner Stirn. Es gibt zwar mehrere Mythen um den Zyklopen, aber der römische Mythos beschreibt, wie der Bruder des Zyklopen, Saturn, sie in die Unterwelt warf. Als Jupiter plante, seinen Vater zu stürzen, befreite er sie aus ihrem höllischen Gefängnis. Als Gegenleistung formten die Zyklopen Jupiter seinen berühmten

Blitz und gaben ihm auch die Gabe des Donners. Mit Vulkan schmiedeten sie die Waffen der Götter.

Faun

Faune, die meist als Satyrn bekannt sind, waren Waldwesen, die in der Regel mit Bacchus, dem Gott des Weines, zusammen waren. Normalerweise mit einer Flöte dargestellt, trotteten sie unbekümmert durch die Wälder. Bei diesen Kreaturen handelte es sich um Chimären, d. h. um Wesen, die Eigenschaften von mehr als einem Tier aufwiesen. Im Fall der Faune sind sie halb Mensch, halb Ziege. Die menschlichen Teile der Faune waren ihr Torso, ihre oberen Gliedmaßen und ihre jungen Gesichter. Sie hatten weiches, lockiges Haar auf dem Kopf und spitze Ohren. Die Ziegenteile waren Ziegenbeine mit Hufen, ein Schwanz und Hörner auf dem Kopf.

Hydra

Auch Herkules tötete diese Kreatur während seiner zwölf Mühen. Die Hydra, die vor allem für ihre vielen Köpfe und ihre Fähigkeit, diese nachwachsen zu lassen, bekannt war, hatte einen schlanken, massiven Schlangenkörper. Sie bewachte den Eingang zur Unterwelt und hatte ihr Versteck im See von Lerna. Alles an der Hydra war von Gift durchdrungen. Von ihrem Geruch über ihren Atem bis hin zu ihrem Blut tötete die Hydra jeden, der zufällig in ihre Höhle stolperte.

Kapitel 3: Vor der Gründung Roms

Equō nē crēdite, Teucrī! Quidquid id est, timeō Danaōs et dōna ferentēs. "Traut dem Pferd nicht, ihr Trojaner! Was immer es auch ist, hütet euch vor den Griechen, die Geschenke bringen." Dieses berühmte Zitat von Vergil aus dem Epos *Die Aeneis* umfasst die Geschichte von Aeneas, der aus Troja flieht. Während Mythen und Legenden über Generationen von Griechen und Römern gleichermaßen weitergegeben wurden, beziehen sich die Mythen in diesem Kapitel ausschließlich auf die Gründung von Rom.

Der Mythos von Janus

Am Anfang, Hunderte von Jahren vor Aeneas, Romulus und Remus, regierte ein Herrscher namens Janus über das Land Latium. Als weiser Herrscher führte Janus das Land durch viele Jahre des Friedens und des Wohlstands. Seine Gesetze waren fair und gerecht. Er lebte auf dem Janiculum-Hügel, einem der sieben Hügel, aus denen später Rom werden sollte.

Janus: Der zum Gott gewordene Mensch

Saturn, der Gott des Ackerbaus und der Zeit, wurde kürzlich von seinen Kindern, angeführt von Jupiter, gestürzt. In seinem entmutigten Zustand begegnete er Janus auf dem Hügel vor seinem Haus. Janus war schockiert über den Zustand von

Saturn, und als er den einsamen Gott ansah, überkam ihn ein Gefühl des Mitleids.

Saturn erzählte die Geschichte von der Meuterei seiner Kinder. Er war untröstlich. Er hatte nicht nur sein Königreich verloren, sondern trauerte auch um den Verlust des Respekts, den ihm seine Kinder einst entgegengebracht hatten. Die Erzählung des Gottes bewegte Janus; seine Stimme knackte und wurde fester, als er sprach.

Janus wollte den trauernden Saturn trösten, aber der Gott war untröstlich. Es gab nichts, was er sagen konnte, aber bald wurde ihm klar, dass er etwas anbieten konnte: die gemeinsame Herrschaft über das Königreich. Obwohl Janus wusste, dass dies den Respekt seiner Kinder und den Verlust eines ganzen Königreichs nicht wiederherstellen würde, war es das Mindeste, was er tun konnte.

Saturn hörte sich den Vorschlag an, überlegte und nahm ihn dann an. Aus Dankbarkeit bot er selbst eine Belohnung an: Janus sollte zu einem Gott gemacht werden. Janus nahm das Geschenk an. Da er nun unsterblich war, konnte er sowohl die Vergangenheit als auch die Zukunft sehen. Saturn leitete daraufhin ein Goldenes Zeitalter ein, in dem viele Jahre des Friedens und des Wohlstands herrschten.

Schlussfolgerung

Der Janus-Mythos stellte einen Gott dar, dessen Wurzeln direkt mit dem Land verbunden waren, was direkt zu den späteren Mythen und Legenden über die Gründung Roms führte. Der

Gott Saturn belohnte die Großzügigkeit von Janus, indem er ihn in eine Gottheit verwandelte und die Verbindung der Region zu den Göttern festigte. Indem sie ihre Götter in das Fundament der Gründung Roms einbetonierten, stellten die Römer eine starke Verbindung zum Land selbst her.

Kassandra: Die Seherin, der niemand geglaubt hat

Der Mythos von Kassandra und Apollo ist in Griechenland angesiedelt und behandelt die Themen Liebe und Verrat. Es ist eine fesselnde, klassische Geschichte über eine Liebe, die nicht erwidert wurde und mit der Vorahnung des Untergangs von Troja und damit der Gründung Roms endet. In der Welt von heute gibt es verschiedene Versionen des Mythos.

Kassandra und Apollo: Eine Ablehnung und ein Fluch

Kassandra war die auffallend schöne Tochter des Königs Priamos von Troja. Sie hatte drei Brüder: Helenus, ihren Zwillingsbruder, Hektor, den Helden von Troja, und Paris, der den Trojanischen Krieg auslöste, indem er Helena (später bekannt als Helena von Troja) aus Sparta zur Frau nahm. Ihre Familie war als direkte Ursache des Krieges berüchtigt.

Sie saß allein draußen in Troja, als Apollo anhielt, um sie zu bewundern. Er verliebte sich aufgrund ihrer Schönheit sofort in sie, so wie es sein Vater Jupiter mit zahlreichen Frauen getan hatte, sowohl mit Göttinnen als auch mit Sterblichen. Er lockte sie mit dem Versprechen, ihr die Gabe der Voraussicht und der Prophezeiung zu verleihen. Im Gegenzug wollte er Gefallen und ihre Treue zu ihm.

Obwohl die Gründe für ihre Ablehnung des Gottes unklar waren, war die Ablehnung eindeutig: Sie wollte ihn nicht. Einige Versionen dieses Mythos legen nahe, dass Kassandra Apollo benutzte, um die Macht der Prophezeiung zu erlangen, und dann die Zukunft und Apollos Verwicklung in den Fall von Troja sah und ihn deshalb zurückwies. Andere Mythen berichten, dass Apollos wiederholte Annäherungsversuche und die Heftigkeit, mit der er sie bedrängte, zu viel für sie waren.

Die Ablehnung erzürnte Apollo: Schließlich hatte er ihr die Kraft der Voraussicht geschenkt. Da die Gabe aus freien Stücken gegeben wurde, konnte sie nicht wieder zurückgenommen werden. Stattdessen verfluchte er sie. Von diesem Moment an würde ihr niemand mehr glauben, egal wie präzise die Prophezeiung war.

Kassandra, die Verrückte

Das Leben von Kassandra war danach von Verzweiflung geprägt. Sie warnte ihre Brüder oft vor den Prophezeiungen über ihren Untergang und den Untergang Trojas und flehte sie sogar an, sie nicht zu verlassen, aber sie weigerten sich, sie anzuerkennen. Paris holte Helena entgegen ihrer Warnung aus

Sparta zurück. Sie warnte auch Hektor vor seinem bevorstehenden Tod. Trotz des Misstrauens, das sie ihr entgegenbrachten, sollten ihre Prophezeiungen in Erfüllung gehen.

Ihr Vater hielt sie für verrückt und für eine Verrückte, die Unsinn redete, und versteckte sie in einer Zitadelle. Sie war eine Schande für ihn und durfte daher nie einen Fuß außerhalb der Zitadelle setzen. Sie wurde Tag und Nacht bewacht, und ihr Vater erlaubte ihr nie, das Haus zu verlassen.

Die Jahre vergingen, während der Trojanische Krieg weiter wütete und jede ihrer Prophezeiungen wiederholt ignoriert wurde. Das berüchtigte Trojanische Pferd, ein vermeintliches Geschenk der Griechen, war eines ihrer größten Versäumnisse, ihr Volk zu schützen. Ihr berühmter Satz über die Griechen in ihrem Pferd ist in Vergils Epos *Die Aeneis* verewigt: "Hüte dich vor den Griechen, die Geschenke bringen!" In einem vergeblichen Versuch, die Griechen aufzuhalten, ergriff sie eine Fackel und marschierte zum Pferd, bereit, es in Flammen aufgehen zu sehen. Mehrere Wachen erwischten sie, nahmen ihr die Fackel aus der Hand und tadelten sie, weil sie das Geschenk verbrannt hatte. Bald würde sie zusehen, wie die Stadt, die sie so sehr liebte, verwüstet wurde. Der Fall von Troja stand unmittelbar bevor.

Die Nachwehen von Troja

Nach dem Fall von Troja suchte Kassandra Zuflucht im Tempel der Minerva, wo ein griechischer Soldat, Ajax, sie fand und entführte. Durch das göttliche Eingreifen sowohl von Minerva als auch von Neptun ertrank Ajax in den Tiefen des Meeres. Ihre Sorgen waren jedoch noch lange nicht vorbei.

Sie wurde dann gezwungen, die Konkubine des Königs von Mykene, König Agamemnon, zu sein, der bereits eine Frau zu Hause hatte. Bei ihrer Ankunft in Mykene prophezeite sie ihm den Tod und auch ihren eigenen. Agamemnon weigerte sich, ihrer Prophezeiung zu glauben. Während er im Krieg war, hatten seine Frau und ihr Liebhaber ein Komplott geschmiedet, um ihn zu töten. Sie waren noch wütender darüber, dass der König eine Konkubine unter seine Fittiche genommen hatte, und setzten das Komplott bis zu ihrer Ankunft fort. Der Wunsch der Königin wurde erfüllt, und Kassandras letzte Prophezeiung ging in Erfüllung.

Schlussfolgerung

Der Mythos von Kassandra und Apollo ebnete den Weg für die vielen Mythen um die Ursprünge Roms. Da niemand an ihre Prophezeiungen glaubte, führte ihre und Apollos direkte und indirekte Beteiligung an den Ereignissen des Trojanischen Krieges dazu, dass Aeneas aus Troja floh, wo er einen neuen Ort fand, an dem er wachsen und gedeihen konnte.

Kapitel 4: Aeneas und die Gründung von Latium

Der Mythos von Aeneas beginnt eigentlich mit seiner Zeugung. Als Ergebnis einer Paarung von Venus, der Göttin der Liebe, und Anchises, einem Prinzen von Troja, wurde er mit einem schwierigen Schicksal geboren: Er sollte sein Volk in ein neues Land führen. Obwohl er seine Bestimmung erst Jahrzehnte später erfuhr, gilt er als einer der Gründer Roms. Seine Kindheit und sein frühes Erwachsenenleben sind ein Rätsel, da die Geschichte des Aeneas, wie sie von Vergil erzählt wird, erst nach dem Fall Trojas beginnt.

Der Fall von Troja

Nachdem das Trojanische Pferd in die Stadtmauern gebracht worden war, fiel Troja in der Nacht. Aeneas hielt zusammen mit Hektor die Stellung, als die Griechen in die Stadt strömten. Er und Hektor hielten sie so lange auf, wie sie konnten, bevor sie merkten, dass ihre Versuche vergeblich waren. Hektor erzählte ihm von einer Vision, in der sein Schicksal nicht darin bestand, im Kampf gegen die Griechen zu sterben, sondern eine andere Stadt außerhalb Griechenlands zu gründen.

Nachdem er die Vision von Hektor beherzigt hatte, versuchte Aeneas, seine Frau zu finden, aber sie war in dem brennenden Chaos von Troja verschwunden. Er schnappte sich seinen Sohn Ascanius, dessen Vater und andere Soldaten und Überlebende, die zu fliehen versuchten. Aeneas nahm auch einige der Götter Trojas mit, kleine Statuen, die später in der neuen Stadt wieder aufgestellt werden sollten. Dann führte er die Reste seiner Familie und die Gruppe der Überlebenden weg von der Zerstörung, während die Griechen die Stadt plünderten. Die überlebende Gruppe der Überlebenden, die Äneaden, brachte sich auf den Schiffen, die im Hafen anlegten, in Sicherheit.

Nach ihrer Flucht segelten die Äneas das Mittelmeer entlang. Der Geist seiner Frau erschien ihm und erzählte ihm von seinem Schicksal und gab ihm eine Richtung und ein Ziel vor: Gehen Sie nach Westen und suchen Sie den heutigen Fluss Tiber. Mit diesem neuen Ziel vor Augen begannen sie ihre lange Reise in das neue Land.

Die Chroniken von Griechenland

Sie segelten zunächst nach Thrakien in Griechenland, wo er Polydorus, den Sohn von König Priamos, bestattete. Der Boden triefte vor dem Blut des Trojanischen Krieges. Mit seinem letzten Atemzug teilte Polydorus dem Aeneas mit, dass Thrakien nicht der richtige Ort für ihn und seine Mannschaft sei. Nachdem sie ihn begraben hatten, setzten die Aeneas' ihre Suche fort.

Die nächste Station war Delos, immer noch in Griechenland. Apollo traf sich mit Aeneas und riet ihm, weiterzugehen. Delos war nicht der Ort, an dem seine Vorfahren lebten. Also segelten er und die Äneas weiter.

Sie besuchten weiterhin verschiedene Orte in Griechenland, einer weniger vielversprechend als der andere. Zunächst nach

Kreta, wo Aeneas eine Vision hatte, dass seine Vorfahren nicht anwesend waren. Dann die Strophaden-Inseln, wo sie von Harpyien angegriffen wurden. Die Äneas besiegten die Harpyien, wobei die letzte von ihnen ihm mitteilte, dass ihr endgültiges Ziel Italien sei.

In Actium setzten sie die Tradition der Trojanischen Spiele fort, die angeblich von einem Vorfahren Julius Caesars ins Leben gerufen worden waren, um die Fähigkeiten seiner Soldaten und deren Reitkünste zu demonstrieren. Die Spiele waren eine Ablenkung und eine willkommene Abwechslung für die Aeneas. Nach ihrer Pause segelten sie nach Buthrotum und trafen dort die Frau von Hektor, Andromache.

Nachdem sie mehrere Jahre lang gesegelt waren, trieben sie von Ceraunia an der Ostküste Italiens über die Adria nach Westen bis nach Sizilien. In Sizilien erblickten sie zum ersten Mal den Ätna, als sie im Hafen des Zyklopen übernachteten. Hier trafen sie auf Achaemendies, die den Zyklopen blind machten und ihn als Mitglied ihrer Mannschaft aufnahmen. Der Vater von Aeneas starb, was sie dazu veranlasste, Sizilien in ihrer Trauer zu verlassen. Es gab zwar einen kürzeren Weg, aber der war mit feindlichen griechischen Schiffen übersät. Da sie sich nicht auf eine Schlacht einlassen wollten, die sie nicht gewinnen konnten, zogen sie weiter nach Süden.

Juno's Einmischung: Ein Schiffswrack und eine Liebesaffäre

Juno, die den Griechen wohlgesonnen war, war nicht erfreut darüber, dass Aeneas aus Troja floh, um eine neue Stadt zu gründen. In ihrer Wut verlangte sie von Aelous, dem Gott des Windes, einen Sturm zu erzeugen, um sie daran zu hindern, ihr Ziel zu erreichen. Der Sturm wütete. Tückische Gewässer und steigende Wellen beendeten beinahe das Schicksal von Aeneas. Neptun, der erkannte, dass der Sturm nicht von ihm selbst verursacht worden war, und der um das Schicksal der Aeneas wusste, beruhigte den Sturm so weit, dass er ihnen die sichere Weiterreise gewährte: Karthago.

Erschöpft und schiffbrüchig suchten die Äneaten Zuflucht an der Küste Afrikas in Karthago, dem heutigen Tunesien. Bis dahin waren sie sechs Jahre lang unterwegs gewesen und hatten verzweifelt versucht, eine neue Heimat zu finden. Der angeschlagenen Mannschaft wurde Zuflucht gewährt, während sie sich erholte.

Ermüdet von der gefährlichen Reise, wollten viele Mitglieder der Mannschaft bleiben. Mit der Hilfe von Juno und seiner Mutter Venus verliebte sich Aeneas in die karthagische Königin Dido. Er erzählte ihr die lange und mühsame Geschichte ihrer Reise von Troja und den vielen Zwischenstopps in Griechenland. Sie hatte ein offenes Ohr für sie und erlaubte ihnen zu bleiben, bis sie sich erholt hatten.

Dido war die beeindruckende verwitwete Königin. Ihr Bruder hatte zuvor ihren Ehemann Sychaeus ermordet und sie mit der Herrschaft allein gelassen. Während sie die neuen Gesetze ihrer Stadt aufbaute, verliebte sie sich in Aeneas.

Aeneas und Dido waren unsterblich ineinander verliebt. Nachdem sie während eines Regenschauers in einer Höhle miteinander geschlafen hatten, machte sie Aeneas einen Heiratsantrag und wies ihn darauf hin, dass ihr Liebesakt ihn zum König mache. Aeneas, der müde war und sich nach einem Ort sehnte, an dem er sich niederlassen konnte, stimmte dem

Antrag zunächst zu. Er lebte ein Jahr lang bei ihr, bevor er sie abrupt verließ.

Jupiters Stupser

Jupiter wachte stets über Aeneas, während er in Karthago blieb. Zu seiner Bestürzung war Aeneas von der schönen Königin und dem Leben, das sie ihm versprach, abgelenkt. Doch Karthago war nicht das Ziel von Aeneas. Besorgt wies er Merkur an, den früheren Trojaner an seine Pflicht zu erinnern, eine neue Zivilisation zu gründen. Merkur verpflichtete sich und traf sich mit Aeneas, um ihm zu raten, seine Reise fortzusetzen.

Widerwillig bereitete er seine Mitstreiter darauf vor, in See zu stechen. In seiner Eile erzählte er seiner neuen Liebe nichts von seinem Plan, sie zu verlassen, denn er konnte es nicht ertragen, sie zu verärgern. Er eilte weiter und verließ Karthago und Dido.

Dido fand bald heraus, dass er und der Rest der Äneas ohne ein letztes Lebewohl gegangen waren. Wütend und untröstlich stürzte sie sich auf einen noch brennenden Scheiterhaufen. Während sie zu Tode verbrannte, verfluchte sie die Trojaner und ihre spätere Heimat. Ihr Fluch, so die weit verbreitete Meinung, war die Ursache für den Konflikt zwischen Karthagern und Römern, der als Punischer Krieg bezeichnet wurde.

Sicily Revisited, Cumae, und die Unterwelt

Da ein Jahr in Karthago vergangen war, beschlossen die Äneas, in Sizilien Halt zu machen, um Anchises, dem Vater des Äneas, zu gedenken. Um seinen Vater zu ehren, veranstalteten sie eine weitere Runde der Trojanischen Spiele. Anfangs schienen sich alle zu amüsieren, doch dann jagte Juno den Frauen Angst ein, indem sie ihre Schiffe in Brand steckte. Es wurden viele Versuche unternommen, die Schiffe am Verbrennen zu hindern, doch die meisten wurden entweder schwer beschädigt, waren nicht mehr zu reparieren oder versanken im Meer. Viele der Frauen forderten, dass sie in Sizilien bleiben sollten. Um Aeneas weiter zu demoralisieren, beschlossen viele andere, ebenfalls in Sizilien zu bleiben. Die wenigen verbliebenen Äneaten trieben weiter zu ihrer nächsten Station: Cumae.

Cumae lag etwa 12 Meilen westlich des heutigen Neapels und war die Heimat der Prophetin Sibylle. Sie war etwa siebenhundert Jahre alt und vor Alter dekliniert. Sie sah seine Ankunft voraus und begrüßte ihn im Tempel des Apollo, bevor sie ihm den Wunsch erfüllte, seinen Vater wiederzusehen. Aeneas erhielt die beiden schwierigen Aufgaben, einen goldenen Zweig als Geschenk für Proserpina zu holen und einen Musiker namens Misenus zu begraben. Die Äneas begraben den Musiker, während er zwei goldene Äste ergreift. Aeneas und Sibylle betraten daraufhin die Unterwelt.

Als er die Unterwelt betrat, überquerten er und Sibylle den Fluss Styx auf der Fähre namens Charon. Sibylle gab Cerberus, dem dreiköpfigen Wolfstier und Wächter der Unterwelt, einen betäubten Kuchen. Sibylle zeigte ihm die Tiefen des Tartaros, der Hölle der alten Römer, wo er einen Blick auf gefolterte Menschen erhaschte und ihre qualvollen Schreie hörte.

Aeneas legte den goldenen Zweig vor Plutos Thron und erhielt so Zugang zum Elysium, dem römischen Äquivalent des Himmels. Im Elysium sah Aeneas schließlich seinen Vater und versuchte, ihn zu umarmen. Doch der Geist seines Vaters verflüchtigte sich aus der Umarmung. Anchises jedoch sprach zu Aeneas und erinnerte ihn an sein Schicksal. Er wies Aeneas an, aus dem Fluss des Vergessens namens Lethe zu trinken, und zeigte ihm die Verheißung seiner Nachkommenschaft für die neue Stadt. Die Gesichter von Romulus, Julius Cäsar, Kaiser Augustus und vielen anderen zeigten sich ihm. Jubelnd verließ er das Reich der Unterwelt und stieg zur Erde auf.

Der Krieg um Latium

Endlich, fast zehn Jahre nach der Plünderung Trojas, erreichten Aeneas und seine Männer den Tiber. Zunächst freuten sie sich über den Ort ihrer zukünftigen Heimat, aber sie ahnten nicht, dass ihre Ankunft die Ursache für einen weiteren Krieg sein würde, diesmal jedoch um die Frage, wer die Tochter des Königs von Latium heiraten würde.

Nach der Ankunft der Aeneas führten sie und Turnus, ein rivalisierender Anführer der Rutuli, Krieg. Der Prophezeiung zufolge sollte Lavinia, die Tochter des Königs von Latium und seiner Frau, der Königin Amata, einen ausländischen Mann göttlicher Abstammung heiraten. König Latium hielt sich an diese Prophezeiung, aber Turnus wollte sie stattdessen heiraten.

Die Ehe von Turnus und Lavinia wurde durch die Ankunft der Aeneas bedroht; viele Italiker, darunter auch Königin Amata, waren besorgt. Ursprünglich hätte die Ehe mit Turnus die

Völker des Latius und der Rutili zusammengeführt. Die Bedrohung durch einen anderen Mann - noch dazu einen Fremden - war undenkbar. König Latium hielt an seinem Glauben an die Prophezeiung fest und unterstützte die Aeneas.

Die Hilfe des Königs von Latium war nicht die einzige Unterstützung, die Aeneas erhielt. Angesichts des sich zuspitzenden Konflikts bat Venus ihren Mann Vulkan, eine Rüstung für ihren Sohn anzufertigen. Vulkan erfüllte ihre Bitte, und Aeneas erhielt eine Rüstung und einen Schild, auf dem die Zukunft seines Volkes dargestellt war.

Juno mischte sich auch in die Herzen und Köpfe der Italiker ein. Sie flüsterte Turnus ins Ohr und versprach ihm Ruhm und die Hand der Lavinia, wenn er den Krieg gegen die Aeneer gewinnen würde. Er willigte ein und kämpfte weiter.

Der Krieg wütete und forderte den Tod vieler Freunde von Aeneas und Turnus. Es wurde ein vorübergehender Waffenstillstand vereinbart, bei dem sich Aeneas und Turnus im Zweikampf gegenüberstanden. Turnus stimmte zu, dass er im Falle eines Sieges von Aeneas auch das Recht erhalten würde, Lavinia zu heiraten.

Aeneas und Turnus lieferten sich einen Kampf. Der Kampf war schmutzig und blutig, und für Aeneas war alles verloren. Turnus freute sich über den Ruhm, dass er die Prophezeiung erfüllen und die Prinzessin heiraten würde. Aeneas jedoch war nicht so leicht zu besiegen. Als er das Schwert eines in diesem Krieg gefallenen Kameraden erblickte, durchströmte ihn der Zorn. Er stürzte sich auf Turnus und tötete ihn.

Die erfüllte Prophezeiung

Mit dem Tod von Turnus war Aeneas nun frei, Lavinia zu heiraten. Unter der Herrschaft von Aeneas begann für das Königreich eine Ära des Friedens und des Wohlstandes. Jupiter überzeugte Juno schließlich davon, ihren Krieg mit Aeneas zu beenden. Da sie wusste, dass sie verloren hatte, stellte sie ihre ständige Kriegstreiberei gegen ihn ein.

Vergils berühmtes Gedicht endet mit dem Tod von Turnus, und über den Tod von Aeneas ist nicht viel bekannt. In einigen Nacherzählungen des Mythos stirbt Aeneas an den Wunden seiner letzten Schlacht, während andere sich vorstellen, dass er nach der Heirat mit Lavinia ein langes und erfülltes Leben führt.

Schlussfolgerung

Dieser Ursprungsmythos des Landes Rom bildete die Grundlage für den Mythos von Romulus und Remus, die als die Gründer der großen Stadt gelten. Diese epische Geschichte umfasst zwölf Bücher in Virgils *Aeneis* und zeigt die Widerstandsfähigkeit eines einzelnen Mannes und seine Hartnäckigkeit, sein Volk zu besiedeln. Obwohl ihm viele Götter zur Seite standen, wurde er als großer Soldat und starker Anführer dargestellt, der Inbegriff des Lebens als römischer Bürger. Mit Aeneas und seiner Abstammung bewies der Mythos, dass das Land selbst im römischen Pantheon der Götter verwurzelt ist.

Kapitel 5: Rom: Der Namensvetter von Romulus

Von allen römischen Geschichten ist der Mythos von Romulus und Remus die bekannteste. In der Geschichte werden die antike Zivilisation und die Stadt Rom vorgestellt, die nach Romulus benannt wurde. Mit dieser neuen Stadt entstand ein riesiges Reich, das mehr als tausend Jahre lang Bestand hatte. Die Stadt Rom ist derzeit einer der meistbesuchten Orte der Welt aufgrund ihrer reichen Kultur und ihrer Jahrtausende umspannenden Geschichte.

Risse im Fundament

Um die Legende der Zwillinge zu verstehen, ist ein Ausflug in die Vergangenheit notwendig. Nachdem Aeneas gestorben war, gründete sein Sohn Ascanius eine Stadt auf Alba Longa. Diese Stadt lag südöstlich der späteren Stadt Rom. Dort stiegen und fielen seine Nachkommen, während die Stadt wuchs.

Es war um das achte Jahrhundert v. Chr., als sich die Risse des Fundaments zu Abgründen ausweiteten. Ihr König Numitor war an der Macht, als sein Bruder Amulius einen Putsch gegen ihn plante und die Kontrolle über Alba Longa an sich riss.

Im Königreich herrschte nun Chaos. Nachdem Amulius die Macht über das Königreich übernommen hatte, tötete er Numitors einzigen Sohn und schickte seine Tochter Rhea Silvia, um Priesterin der Vesta, der Göttin des Herdes, zu werden. Damit wollte er verhindern, dass die Familie in Zukunft

Vergeltung übt und sich rächt. Als Priesterin sollte Rhea Silva mindestens 30 Jahre lang Jungfrau bleiben. Die Tatsache, dass sie keine Kinder gebären sollte, gab ihm Hoffnung für die Zukunft der Herrschaft über das Königreich.

Die Geburt der Zwillinge

Wie bei den meisten Mythen gibt es auch bei der Zeugung von Romulus und Remus unterschiedliche Angaben. Einige Quellen behaupten, Rhea sei vom römischen Gott Mars im heiligen Wald hinter dem Tempel der Vesta vergewaltigt worden; andere behaupten, es sei ein einvernehmliches Treffen in einem dem römischen Gott gewidmeten heiligen Hain gewesen. Wieder andere behaupten, sie sei von einem unbekannten Fremden geschwängert worden, weshalb die Zwillinge nicht von göttlicher Abstammung seien. Der Einfachheit halber wird in diesem Buch die Geschichte der Vergewaltigung von Rhea behandelt.

Der römische Kriegsgott Mars entdeckte Rhea Silva in dem heiligen Wald hinter dem Tempel. Sie erfüllte gerade ihre heiligen Pflichten, das ewige Feuer der Vesta zu hüten, als der Gott über sie stolperte. Angelockt von ihrer Schönheit und ihrem ruhigen Auftreten vergewaltigte und schwängerte er sie. Später brachte sie ihre Zwillingssöhne Romulus und Remus zur Welt.

König Amulius hörte von der Vergewaltigung und der Geburt der Kinder. In seiner Wut und aus Angst vor den Folgen befahl er, die Kinder in den Tiber zu werfen. Die Jungen wurden von Wachen, die den direkten Befehl des Königs befolgten, aus den Armen ihrer Mutter gerissen und wegen ihrer Indiskretion ins

Gefängnis geworfen. Anschließend wurden sie einem Diener anvertraut, der sie in den Fluss warf.

Der Diener hatte Mitleid mit den Kindern und legte sie in einem Korb an das Ufer des Flusses, in der Hoffnung, jemand würde sie finden und sie würden verschont werden. Aufgrund von sintflutartigen Regenfällen und Überschwemmungen wurden die Kinder in dem Korb fortgeschwemmt. Der Gott des Flusses, Tiberius, rettete sie und ließ sie sicher an Land treiben.

Lupa und Faustulus

Eine einsame Wölfin namens Lupa, die für den verkleideten Mars gehalten wurde, brachte die weinenden Kinder zurück in ihre Höhle, wo sie an ihrer Zitze saugten. Sie beschützte und ernährte die Zwillinge bis zur nächsten Station ihrer Sage. Die berühmte Bronzestatue der Zwillinge, die an ihrer Zitze saugen, befindet sich noch heute im Kapitolinischen Museum und ist ein wichtiges Symbol für die Geburt Roms. Interessant ist auch, dass das lateinische Wort für *Lupa* "Prostituierte" bedeutet. Einige Quellen, obwohl der Mythos einer tatsächlichen Wölfin überzeugender ist, glauben, dass die *Lupa* eine einsame Prostituierte war.

Faustulus, ein örtlicher Hirte, der die Herde des Amulius bewachte, ging durch den Wald, als er die Schreie von Säuglingen hörte. Die Schreie führten ihn zu einer Höhle in der Höhle der Wölfin, wo er die Zwillinge fand, die vor Hunger weinten. Faustulus hatte Mitleid mit den Kindern und brachte sie zu seiner Frau, Acca Larentia, nach Hause. Der Hirte und seine Frau zogen die Söhne wie ihre eigenen auf, ohne von ihrer Abstammung und ihrem Anspruch auf den Thron zu wissen.

Die Jungen wuchsen als Bauern auf und halfen dem Mann, den sie für ihren Vater hielten, das Land zu bewirtschaften und die Tiere zu versorgen. Als die Jungen zu Männern heranwuchsen, waren sie Beschützer der Herde und kämpften gegen Raubtiere und Diebe gleichermaßen. Ihr Mut und ihre Wildheit brachten ihnen einen guten Ruf unter den anderen Hirten ein. Sie waren als Anführer ihrer Gemeinschaft bekannt und spielten eine aktive Rolle in der Politik. Obwohl sie keine Politiker waren, sah man sie oft in hitzigen Debatten zwischen den Anhängern von Amulius und Numitor. Die Anhänger waren ebenso wie die Zwillinge Hirten, aber ihre politischen Ansichten führten zu einem Streit. Der Kampf endete mit der Inhaftierung von Remus in Alta Longa, dem Ort ihrer Geburt.

Nachdem Remus entführt worden war, schritt Romulus zur Tat. Er führte eine Gruppe anderer Hirten an, um Remus aus dem Gefängnis zu befreien. Er wusste, dass der König Remus nicht begünstigen würde, weil er sich gegen ihn ausgesprochen hatte; daher war die Reise nach Alba Longa ein Muss.

Der Tod des Amulius, Brudermord und die Geburt Roms

Als Remus in Alba Longa ankam, wurde er zu Numitor gebracht, um verurteilt zu werden. Numitor erkannte Remus jedoch als seinen Enkel. Als Romulus kam, um Remus zu befreien, informierte Remus seinen Bruder über ihre überraschende Abstammung. Nachdem sie von ihrer Herkunft erfahren hatten, schmiedeten Romulus und Remus einen Plan, um ihren Großonkel Amulius loszuwerden. Es ist zwar nicht bekannt, wer ihm den Todesstoß versetzte, aber sie stürzten und töteten ihn.

Nach dem Tod von Amulius gaben Romulus und Remus das Königreich an den rechtmäßigen König, ihren Großvater Numitor, zurück. Numitor, der für die Wiederherstellung des Königreichs dankbar war, bot ihnen an, gemeinsam über Alba Longa zu herrschen. Sie lehnten das Angebot ab. Sie machten sich auf den Weg dorthin, wo sie von der Wölfin, dem Wesen, das ihnen neues Leben geschenkt hatte, gerettet wurden, um eine neue Stadt zu gründen.

Romulus und Remus konnten sich jedoch nicht über den Standort der neuen Stadt einigen. Indem sie die Götter um Hilfe baten, warteten sie auf ein Zeichen, das ihnen eine Vorliebe für den Standort gab. Romulus entschied sich für den Palatinhügel in der Nähe der Höhle der Wölfin, während Remus den Aventinhügel wählte.

Die Götter schickten den Brüdern jeweils zwei Vogelschwärme. Remus bemerkte einen Schwarm von sechs Vögeln am Horizont und behauptete, sie zuerst zu sehen. Romulus hingegen erblickte einen Schwarm von zwölf Vögeln.

Romulus war der Meinung, dass der Palatinhügel die richtige Wahl sei, da er die höhere Zahl gesehen habe und die Zahl Zwölf mit der Anzahl der Hauptgötter im römischen Pantheon zusammenhänge. Remus hingegen vertrat die Ansicht, dass der Aventinhügel die göttliche Wahl sei, weil er den Schwarm von sechs Vögeln zuerst gesehen habe.

Romulus hatte eine Mauer um seine Siedlung errichtet, obwohl er sich nie ganz auf eine Vereinbarung eingelassen hatte. In einem Anfall von Wut sprang Remus über die Mauer in die Siedlung seines Bruders. Er und Romulus waren in einen Kampf verwickelt. Ob aus Versehen oder mit Absicht, Romulus tötete Remus und beging damit Brudermord. Es war offensichtlich, dass Romulus von den Göttern begünstigt wurde.

Nach dem Tod von Remus wurde die Siedlung, die Romulus errichtet hatte, nach ihm selbst Rom genannt. Das Gründungsdatum Roms war der 21. April 753 v. Chr., der Tag, an dem Romulus sich zum König erklärte. Er war der erste von sieben Königen Roms vor der Entstehung des Römischen Reiches. Mit dem neuen Königreich rekrutierte er einige der Hirten und lud sie ein, mit ihm in Rom zu leben. Diese Einladung zog einen weiteren Mythos nach sich: die Vergewaltigung der Sabinerinnen.

Die Vergewaltigung der Sabinerinnen

Der Gedanke, ein neues Königreich zu gründen, war zwar aufregend, hatte aber einen großen Makel. In der Gruppe, die Romulus eingeladen hatte, gab es keine Frauen. Keine Frauen bedeutete, dass es unmöglich war, dem Königreich eine Zukunft zu geben. Um den Genpool zu erweitern, nahm die Stadt Flüchtlinge und Verbannte aus den umliegenden Königreichen auf. Es gab zwar einige Neuzugänge, aber sie reichten nicht aus, um die Bevölkerung zu erhalten. In einem verzweifelten Versuch, das Problem zu lösen, bat er die benachbarten Königreiche, den Römern einige ihrer Frauen zu geben, um die Bevölkerung zu vergrößern. Keines von ihnen stimmte zu.

Die Bitten der Römer hatten das sabinische Königreich erreicht, das von König Titus Tatius regiert wurde. Der König verbot daraufhin den römischen Männern, ihre Mauern zu betreten. Frauen war es verboten, die Hand eines Römers in die Ehe zu nehmen.

Romulus jedoch heckte einen Plan aus. Unter dem Vorwand, die Spiele im Namen Neptuns zu veranstalten, planten und veranstalteten Romulus und seine Männer die Spiele in Rom, hatten aber einen Hintergedanken. Romulus und der Rest des Senats beschlossen, nicht nur die Sabiner, sondern auch andere benachbarte Städte und Königreiche einzuladen.

Der Tag der Spiele kam und brachte viele Besucher, die das neue Königreich sehen wollten. Die Spiele begannen. Viele Zuschauer aus den benachbarten Ländern saßen herum und beobachteten die Spiele. Auf das Signal ihres Romulus hin begannen die Männer, die sabinischen Frauen zu entführen. Zu ihren Aufgaben gehörte auch der Kampf gegen die Väter und Brüder der Frauen.

Insgesamt wurden 30 Frauen gewaltsam aus ihren Häusern verschleppt. Die meisten von ihnen galten als Jungfrauen, mit Ausnahme der zukünftigen Frau von Romulus namens Hersilia, die bereits verheiratet war. Unter der Oberfläche dieser Entführung braute sich ein Krieg zusammen.

Nach der Entführung der Frauen erklärte König Titus den Römern den Krieg und marschierte mit einer Armee zu den Mauern der Stadt. Mit Hilfe von Tarpea, einer Römerin, die von König Titus' Reichtum und dem Versprechen auf Sicherheit verführt worden war, öffneten sie die Tore Roms. Zu ihrem Unglück wurde sie von den Schilden der Sabiner erdrückt, als diese die Tore durchbrachen.

Es kam zum Kampf um die Sabinerinnen. In einer verzweifelten Bitte um ein Ende des Blutvergießens erklärten sich die entführten Frauen bereit, mit ihren Familien in Rom zu bleiben, ohne dass ihnen ein Leid zugefügt werden sollte. König

Titus stimmte dem vorübergehenden Waffenstillstand widerstrebend zu. Romulus forderte die Frauen auf, die Männer Roms zu heiraten.

Die Kühnheit der Entführung führte zu vielen weiteren Kriegen zwischen den Römern und den Sabinern sowie anderen benachbarten Königreichen, die die wachsende Stadt Rom als Bedrohung ansahen. Im Laufe der Zeit wurden diese Königreiche erobert und mit Rom verschmolzen.

Der Tod des Romulus

Der Tod von Romulus ist der letzte Mythos. In seinen letzten Jahren hatte Romulus ein riesiges Reich erlangt und zeugte die zukünftigen Könige und andere Herrscher Roms. Während eines heftigen Sturms verschwand Romulus in der Nähe des Tibers. Es wurde weithin spekuliert, dass Romulus daraufhin in den Gott Quirinus verwandelt wurde. Es ist nicht viel über diese Gottheit bekannt, aber man nahm an, dass sie dem Mars ähnlich war.

Abschluss der Gründung Roms

Die Gründung Roms und die Mythen, die sich um sie rankten, waren weithin akzeptiert, und so glaubten die Römer, dass das Land eine tiefe Verbindung zu den Göttern hatte. Aeneas war das direkte Ergebnis einer Verbindung zwischen Venus und einem sterblichen Mann; Romulus und Remus waren das

Ergebnis einer Verbindung zwischen Mars und einer sterblichen Frau. Die Verbindung war damals unbestreitbar; Rom war der Höhepunkt der beiden Hauptgottheiten des römischen Pantheons. Rom war der Ort, an dem die Götter ihr Volk in Italien wachsen und gedeihen lassen wollten. Da die Götter diesen Ort bevorzugten, breitete sich das Volk Roms über Jahrtausende hinweg in vielen europäischen und einigen asiatischen Kulturen von heute aus.

Die alten Römer veranschaulichten durch Vergils Epos und die Geschichten von Romulus und Remus, wie die Götter mit ihren Entscheidungen nicht nur die Gegenwart, sondern auch die Zukunft gestalteten. Venus und Mars waren beide für die Verwaltung eines der größten Reiche der Welt verantwortlich. Sie waren herrschende Gottheiten zweier fester, natürlicher und furchterregender Kräfte: Liebe und Krieg.

Kapitel 6: Jupiter und die Biene

Die nächsten Kapitel werden sich ausschließlich mit den Göttern des römischen Pantheons und ihren Geschichten befassen. Viele dieser Mythen können griechische Entsprechungen haben, da sie der griechischen Mythologie entstammen und an die Glaubenssysteme und Verhaltensweisen der Römer angepasst wurden. Obwohl das griechische und das römische Pantheon im Wesentlichen identisch waren, gab es einige Gottheiten, die rein römisch waren. Durch verschiedene antike Texte, Bilder und sogar mündliche Überlieferungen haben sich die Mythen im Laufe der Zeit weiterentwickelt und verändert.

Jupiter und die Biene ist einer der bekanntesten Mythen um Jupiter. Es ist ein Märchen von Rache und Süße, das die Hörer der Fabel daran erinnert, vorsichtig zu sein mit dem, was sie sich wünschen. Der Mythos erklärt das Bedürfnis einer Biene nach einem Stachel mit dem Versprechen des Todes, wenn sie ihn benutzt.

Die Bienenkönigin und ihr Honig

Eine Biene kehrte nach der anstrengenden Aufgabe des Pollensammelns in ihr Zuhause zurück. Bereit für eine schlaflose Nacht, untersuchte sie ihren Bienenstock, wie sie es jede Nacht zuvor tat. Sobald sie ihren Bienenstock betrat, wusste sie, dass etwas nicht stimmte. Als sie näher hinsah, entdeckte sie Krallenspuren in der Struktur ihres Bienenstocks.

Da wurde ihr klar, dass ihr kostbarer Honig gestohlen worden war.

Jedes Mal, wenn sie Honig produzierte, kam ein Sterblicher oder ein Tier herein und stahl ihn ihr. Sie verbrachte ihren Tag damit, die Zerstörungen zu beseitigen, die die Kreatur hinterlassen hatte, die an diesem Tag ihr Haus überfallen wollte.

Diese kleine Biene war nicht die einzige, die dieses Problem mit den Kreaturen hatte, die im Wald umherzogen. Zwischen den Bären und den Sterblichen gab es keinen Ausweg aus ihrer Misere. Kein noch so lautes Summen konnte sie davon abhalten, in ihren Bienenstock zu greifen und den süßen Nektar aus ihrem Haus zu holen. Sie brauchte etwas, um sich zu verteidigen. Vielleicht einen Stachel an ihrem Hinterteil.

Die Idee gefiel ihr, und sie betete oft um einen Stachel, aber keiner der Götter antwortete ihr jemals. Meistens waren sie zu sehr damit beschäftigt, sich gegenseitig in Schwierigkeiten zu bringen, sich bei den Sterblichen einzumischen, oder beides. Die Götter kümmerten sich nicht im Geringsten um ihre Probleme. Es war an der Zeit, dass sie sich mit ihren Problemen an sie wandte.

Das Plädoyer

Die Königin wusste nur, wo Jupiter residierte, also schnappte sie sich etwas von ihrem süßen, köstlichen Honig und flog los, um ihn zu finden. Als sie Jupiter im Himmel fand, schwirrte sie um ihn herum, bis sie seine Aufmerksamkeit erregte.

Neugierig fragte er sie, was sie wolle. Daraufhin überreichte sie ihm den Honig als Geschenk. Jupiter nahm gnädig einen kleinen Klecks Honig auf seinen Zeigefinger und kostete ihn. Der Gott genoss seine Süße, eine unerwartete Gabe aus einer unerwarteten Quelle. Da er wusste, dass dies ein Tauschgeschäft war, fragte er die Bienenkönigin, was sie von ihm wollte.

Die Königin zitterte vor Angst und sprach mit leiser, aber fester Stimme. Sie erklärte, dass sie es leid sei, dass Tiere und Menschen ihren Bienenstock auf der Suche nach Honig ständig zerstörten. Sie war ständig damit beschäftigt, ihren Bienenstock zu reparieren und wieder aufzubauen, aber sie musste den Honig ernten, damit ihre eigenen Kinder aufwachsen konnten.

Sie bat Jupiter um eine Waffe.

Amüsiert erwog er, ihrem Wunsch nachzukommen. Schließlich würde die Süße des Honigs immer Diebe und unerwünschte Zerstörung anziehen. Aber Jupiter, der gierig nach mehr war, bat um mehr Honig, weil der Geschmack so köstlich war.

Als Gegenleistung verlangte die Königin vor allem einen Stachel.

Der Zorn des Jupiter

Als die Bienenkönigin, die immer noch vor Angst zitterte, aber unter dem wachsamen Blick des Gottes ihre Fassung bewahrte, um einen Stachel bat, verzerrte sich Jupiters Gesicht vor Schock, Unglauben und Zorn. Er beschuldigte sie, die Waffe zu benutzen, um die Götter zu stechen. Sein Zorn war zu fürchten, und die Bienen waren keine Ausnahme.

Die Biene war so verängstigt, dass sie versuchte, ihr die Notwendigkeit ihres Schutzes zu erklären und ihr zu erklären, dass ihre Art niemanden oder etwas absichtlich stechen würde. Jupiter hörte ihr jedoch nicht zu, und so schwirrte sie blindlings in die Richtung, die Jupiter entgegengesetzt war, nur um auf Juno zu treffen, die die ganze Zeit zugehört hatte.

Jupiter gab den Rest seines Honigs an Juno weiter. Sie sah ihn daraufhin mit einem fragenden Gesichtsausdruck an. Ihr Blick, der einst vor Neugierde glühte, löste sich in Wohlgefallen auf. Sie hatte nicht erwartet, dass der Honig so gut schmecken würde, wie er es tat.

Sie stimmte mit Jupiter und der Bienenkönigin überein: Der Honig sei ein Geschenk, das geschützt werden müsse. Sie forderte ihren Mann auf, der Bitte der Biene nachzukommen und jeder Biene einen Stachel zu geben. Er erfüllte den Wunsch mit einem Wink seiner Hand. Nun war sie mit dem Stachel ausgestattet, den sie so dringend brauchte.

Auswirkung

Bevor die Biene auf ihren Weg geschickt wurde, sagte Jupiter, dass der Preis für einen Stachel für jede Biene einen Preis hatte. Wenn die Biene ihn jemals benutzen würde, würde sie ihren Stachel verlieren und sterben. Entmutigt kehrte sie zur Erde zurück, während die anderen Bienen ängstlich auf sie warteten.

Die Bienenkönigin nahm die Nachricht nicht gut auf. Sie versteckte sich zwei Tage lang in ihrem Bienenstock, während die anderen Bienen sich gegenseitig ihre Stacheln zeigten. Sie wusste, dass die Jubelrufe in Hassrufe umschlagen würden.

Nur widerwillig kam sie aus ihrem Bienenstock, nachdem sie von einer anderen Biene sanft überredet worden war. Sie teilte ihnen allen mit, dass die Gabe ein Fluch sein könnte. Wenn sie ihre Stacheln einsetzten, würden sie sterben. Sie hatten die Wahl, entweder den Honig zu teilen oder ihn zu schützen, indem sie den Angreifer stachen und starben.

Die Bienen waren ihr gegenüber loyal und unterstützten sie. Sie wussten, dass sie ihr Bestes getan hatte und dass sie ihr Bestes im Sinn hatte. Eine der Bienen erweckte den hoffnungsvollen Eindruck, dass das Geschäft vielleicht nicht von Dauer sein würde und schließlich in Vergessenheit geriete.

Leider waren die Hoffnungen der Bienen vergebens. Bis heute stirbt eine Biene, wenn sie beschließt, ihren Stachel zum Schutz einzusetzen.

Schlussfolgerung

Die wichtigste Lektion dieses Mythos lautet: "Sei vorsichtig mit dem, was du dir wünschst", aber er erklärt auch die phänomenale Fähigkeit der Biene, andere zu stechen und sich selbst zu opfern, um ihren Bienenstock zu schützen. Die Römer nutzten Mythen und Legenden, um Lektionen und Geschichten zu erfinden, die auf ihren Werten und Charaktereigenschaften basierten. Die Römer konnten sehr unversöhnlich und gewalttätig sein, obwohl sie ihr Land liebten und es um jeden Preis beschützen wollten, ähnlich wie die Bienenkönigin in diesem Mythos.

Kapitel 7: Der Grund für den Wechsel der Jahreszeiten

Der Mythos von Pluto und Proserpina ist eine fesselnde Geschichte über den Liebeskummer und die Wut einer Mutter, eine Entführung und eine ungewollte Heirat. Wie bei den meisten römischen und griechischen Mythen gibt es auch bei diesem Mythos mehrere Varianten, die das Ergebnis von Übersetzungen und mündlichen Erzählungen sind.

In einigen Mythen wird Ceres als überfürsorgliche Mutter dargestellt, während Pluto und Jupiter sich zusammentun, um Proserpina ein Gefühl der Freiheit zu geben. In einigen wird behauptet, dass Amor, der Gott der Liebe, Pluto mit einem goldenen Pfeil angeschossen hat, woraufhin er sich in die erste Person verliebte, die er sah. Unabhängig davon, wie der Mythos entstanden ist, bleibt die Geschichte im Wesentlichen dieselbe.

Ceres und Proserpina

Ceres, die Göttin des Ackerbaus, besuchte Sizilien oft mit ihrer Tochter Proserpina. Die beiden Göttinnen gingen oft gemeinsam spazieren, und in ihrem Gefolge wuchsen die Blumen und sangen die Vögel. Ein Zug von Jungfrauen folgte den beiden Göttinnen, die lachend und ausgelassen in den üppig grünen, mit Blumen übersäten Hügeln herumtollten. Die malerische Landschaft war die Lieblingslandschaft der Göttin

Ceres - sie bot eine Flucht vor der manchmal harten Realität des Götterdaseins.

Jupiter war der Vater von Proserpina, aber sie war ihrer Mutter viel näher. Sie liebte den Duft der blühenden Blumen und das Grün der Pflanzen um sie herum. Genau wie ihre Mutter fühlte sich Proserpina in den Baumhainen und Blumenfeldern zu Hause. Sie pflegte die Pflanzen mit einem hohen Maß an Sanftmut und Mitgefühl. Nymphen und Jungfrauen tanzten um sie herum und erfreuten sich an der Unbeschwertheit des Landes.

Plutos Notlage, Amors Lösung

Pluto war verzweifelt auf der Suche nach einer Königin. Nach wiederholten Versuchen, eine Göttin zu finden, die den Thron mit ihm teilen sollte, war es Zeit für einen neuen Ansatz. Amor, der Gott der Liebe, sympathisierte mit dem geknechteten Pluto. Als Pluto in seiner dunklen Kutsche, die von Pferden gezogen wurde, die so schwarz wie die Nacht waren, durch die Welt irrte, schoss Amor ihn mit einem goldenen Pfeil ab, den Venus selbst hergestellt hatte.

Sein Herz überschlug sich unnatürlich vor Verehrung für eine unbekannte Frau, als er in den Bäumen in der Nähe ein geheimnisvolles Summen hörte. Fasziniert ließ er seine Pferde am Wegesrand warten und betrat die Wiese. Sein Herz schlug ihm bis zum Hals angesichts des Wunders, das sich ihm bot. Er stellte sich in den Schatten und wartete, während er seine neu entdeckte Liebe beobachtete. Er konnte sich des Eindrucks nicht erwehren, dass ihre Schönheit und Jugend dem Reich der Toten neues Leben einhauchen würde.

Proserpina saß mit einigen Nymphen auf einer voll erblühten Blumenwiese; der Duft von Orchideen und Nelken lag in der Luft. Erschöpft von der Arbeit, die sie bei der Pflege der Erde verrichtet hatte, pflückte sie eine Vielzahl von Blumen und Grashalmen. Sie flocht sie zu einem Blumenkranz für ihre Mutter und summte dabei eine Melodie vor sich hin.

Hilfe! Lass mich los!

Pluto konnte sein Verlangen nicht mehr kontrollieren. Er verlagerte sein Gewicht und bereitete sich darauf vor, sie in seine Arme zu nehmen. Zweige knackten unter seinen Füßen. Die auffallend schöne Proserpina hörte das leise Geräusch, aber bevor sie sich bewegen oder sprechen konnte, lag sie in den Armen eines anderen Gottes. Sie kannte ihn, konnte aber seinen Namen nicht nennen. Stattdessen schrie sie und flehte jemanden an, ihr zu helfen.

Die Nymphen, die sie zuvor umringt hatten, blieben wie angewurzelt an einem Ort stehen. Sie wussten, wer er war. Sie fürchteten sich vor der Dunkelheit und dem Grund seines Erscheinens in der Welt der Lebenden, zitterten bei seinem Anblick und sahen entsetzt zu, wie er Proserpina entführte. Nachdem sie ihren Fehler eingesehen hatten, machten sie sich auf die Suche nach den Unsterblichen.

Der Gott warf sie in seinen Wagen und spornte die Pferde an. Ihre Schreie erregten die Aufmerksamkeit der Passanten und der Nymphen, die ihm folgten. Um zu verhindern, dass Ceres ihm seine Beute wegschnappte, peitschte er die Pferde noch härter.

Schließlich floh er an das Ufer des Flusses Cyane, aber der Fluss wusste von Plutos Absicht. Er schwoll an und peitschte gegen den Gott und seine Pferde, die vergeblich versuchten, den Fluss zu überqueren. Der Fluss war zu mächtig, also musste er umkehren. Er wusste, dass Ceres versuchen würde, ihn zu finden, wenn er sich in die andere Richtung bewegte. An einer Kreuzung stieß er seinen treuen Dreizack in den Boden und spaltete ihn, um den Weg für seinen Eintritt in die Unterwelt freizumachen.

Die Hingabe einer Mutter

Ceres kehrte von ihren Aufgaben auf die Wiese zurück, auf der Proserpina gerne ihre Zeit verbrachte. Sie hatte Ceres einmal gesagt, dass dies ihr liebster Ort auf der Welt sei und dass es nichts gäbe, was mit der Stille und dem Frieden der Wiese vergleichbar wäre.

Als Ceres auf der Wiese erschien, bereit, ihre Tochter nach Hause zu rufen, starrte sie auf den leeren Platz. Proserpina war nicht da. Sie rief den Namen ihrer Tochter, aber es kam keine Antwort. An der Stelle, an der die Entführung stattgefunden hatte, waren nur noch verstreute Blütenblätter auf dem Boden zu sehen.

Die neben ihr verwurzelten Blumen begannen zu vergilben und verfärbten sich dann in ein tiefes Braun, als die Pflanzen abstarben. Die unmittelbare Umgebung von Ceres begann zu verwelken. Die Verdunkelung der Pflanzen breitete sich wie eine Krankheit um sie herum aus. Die Bäume ließen ihre Blätter fallen, als ob sie sich verneigten und mit Ceres trauerten.

Mehrere Jahre lang durchstreifte Ceres die Erde auf der Suche nach ihrer Tochter. Überall, wo sie hinkam, erlitten die Pflanzen um sie herum ein schreckliches Schicksal. Die Menschen befanden sich nun mitten in einer Hungersnot; viele Menschen starben aus Mangel an Nahrung. Die Unterwelt war nun damit beschäftigt, die ausgehungerten Seelen in ihren geachteten Reichen zu begrüßen.

Die Führung durch eine Nymphe

Ceres war von einer weiteren Reise um die Welt nach Sizilien zurückgekehrt. Sie weinte an dem Ort, an dem sie ihre kostbare Tochter zum letzten Mal gesehen hatte, und war niedergeschlagen. Eine Nymphe namens Arethusa hatte die weinende Göttin gesehen und erklärte, dass sie Proserpina in der Unterwelt gesehen hatte. Nicht als Gefangene, sondern auf dem Thron neben Pluto sitzend.

Zum ersten Mal seit vielen Jahren schimmerte ein Hoffnungsschimmer in Ceres auf. Sie hatte vergeblich versucht, einen Hinweis auf das Verschwinden ihrer Tochter zu finden. Jetzt, da sie das Schicksal ihrer Tochter kannte, war es an der Zeit zu handeln.

Die Göttin dankte Arethusa für ihre Beobachtung und bat Jupiter, ihren Bruder und den Vater von Proserpina, um Hilfe. Er stimmte einer Rettung der Göttin zu, solange sie in der Unterwelt nichts gegessen hatte. Wenn ein Sterblicher oder ein Gott in der Unterwelt etwas gegessen hatte, durften sie die Unterwelt nicht verlassen. Die Götter befürworteten diesen Plan wegen der großen Hungersnot, unter der die Menschen litten, da sie den Göttern keine angemessenen Opfer bringen konnten.

Proserpina und der Granatapfel

Jupiter schickte Merkur und Ceres mit einer Botschaft in das Reich der Toten. Die Götter baten um die Rückkehr von Proserpina in die Oberwelt zu ihrer Mutter, wo sie hingehörte. Pluto entgegnete, er habe keine bösen Absichten hinter ihrer Entführung; er wolle sie nur lieben und erfreuen. Ceres jedoch kümmerte das nicht im Geringsten. Sie wollte nur ihre Tochter zurück.

Merkur teilte Pluto die Forderungen ihrer Rückkehr mit; Pluto hatte geschworen, dass sie nichts aus seinem Reich essen würde. Er und der Rest des römischen Pantheons kannten die Folgen des Essens aus der Unterwelt.

Während ihres Aufenthalts in der Unterwelt begann Proserpina, sich um die Geister im Elysium zu kümmern. Sie hatte nun ein Gefühl der Ehre und ein Ziel vor Augen, etwas, das ihr zuvor gefehlt hatte. Natürlich vermisste sie ihre Mutter, aber die Unabhängigkeit und Freiheit erlaubten es ihr, mehr von dem zu erleben, was das Leben zu bieten hatte.

Während sie dem Gespräch zuhörte, pflückte sie einen Granatapfel vom Baum und nahm einen Bissen. Die Frucht war köstlich süß und reif. Der Saft tropfte ihr über das Kinn.

Pluto war gekommen, um sie endlich zu holen, aber er entdeckte einen Biss in den Granatapfel in ihrer Hand. Ceres und Merkur folgten ihr und entdeckten die Szene selbst. Pluto warf einen Blick in den Granatapfel und entdeckte, dass er sechs Kerne enthielt. Sein Kompromiss war, dass sie sechs Monate im Jahr, einen für jeden Samen, in der Unterwelt bleiben würde und die anderen sechs Monate in die Oberwelt zurückkehren würde.

Ceres akzeptierte die Bedingungen; es ging ihr nur darum, dass sie ihre Tochter wieder bei sich haben konnte. Als sie Proserpina zum ersten Mal seit vielen Jahren umarmte, kehrte sich der Schaden am Blattwerk der Erde um.

Der Wechsel der Jahreszeiten

In den sechs Monaten, in denen Proserpina mit ihrer Mutter auf der Erde war, waren Frühling und Sommer gekommen. Die Blumen blühten und die Bäume wuchsen, was den Menschen eine gute Ernte und den Göttern häufige Opfer brachte. Neues Leben zeigte sich im Gras und in den Bäumen; die Wiedergeburt der Welt war im Anmarsch. Die Welt war wieder im Gleichgewicht.

Als Proserpina in die Unterwelt zurückkehrte, versank Ceres in eine tiefe Depression. Die Ernten verwelkten und die Bäume warfen ihre Blätter ab, als ob sie um sie weinen würden. So streifte Ceres durch die Welt und wartete ab, bis sie ihre wunderbare Tochter wiedersehen konnte.

Schlussfolgerung

Der Hauptzweck des Mythos war die Rationalisierung des Wechsels der Jahreszeiten. Bevor die Menschen verstanden, warum die Jahreszeiten wechselten, war es üblich, Geschichten zu erfinden, um die Phänomene des Universums zu erklären. Das Ergebnis war, dass diese Geschichten zu weit verbreiteten Mythen wurden, die von den Römern akzeptiert wurden. Sie glaubten, dass Götter und Göttinnen umherzogen und über sie wachten.

Kapitel 8: Der Mythos von Jupiter und Io

Der Mythos von Jupiter und Io ist eine der vielen Geschichten, in denen Jupiter, der König der Götter, seiner Frau Juno untreu war. Die daraus resultierende Eifersucht und der Betrug der Figuren in den Mythen war etwas, das die Bürger des antiken Roms nachvollziehen und verstehen konnten. Man glaubte, dass die Götter zwar unsterblich waren, aber ebenso wie die Menschen ihre Launen und Schwächen hatten. Io gelang es jedoch zu entkommen und ein erfülltes, glückliches Leben zu führen, im Gegensatz zu vielen anderen, die von Jupiter begehrt wurden.

Io, die Priesterin der Juno

Io war die Tochter eines der kleineren Flussgötter, Inachus, und war die Priesterin der Juno. Sie verrichtete jeden Tag treu ihre Pflichten, was ihr die Gunst der Göttin einbrachte. Eines Tages, nachdem sie ihre Aufgaben für den Tag erledigt hatte, machte sie eine Pause an einem der Flüsse und legte sich ans Ufer. Es war ein heißer Sommertag, und sie war erschöpft von ihrer Arbeit. Sie genoss das Plätschern des Flusses und das Zwitschern der Vögel in der Nähe.

Wie alle Geliebten Jupiters war auch Io schön, eine der schönsten Frauen Roms. Sie entging den Blicken Jupiters nicht, und schon bald braute sich Ärger zusammen.

Jupiter, die dunkle Wolke der Untreue

Als er Io zum ersten Mal sah, war Jupiter in eine dunkle Wolke gehüllt. Als er über der Sonne schwebte, schaute er auf Io hinunter, die am Ufer des Flusses lag und vom Schweiß der Hitze des Tages glänzte. Ihre Schönheit war unvorstellbar. Sofort verfiel er in Lust. Er musste mit dieser sterblichen Göttin sprechen.

Er verwandelte sich in seine sterbliche Gestalt und begann ein Gespräch mit Io. Er versuchte nicht zu verbergen, wer er war, und eröffnete das Gespräch, indem er sie umwarb und ihr seinen Namen mitteilte.

Io fühlte sich verständlicherweise geschmeichelt. Es war ungewöhnlich für einen Gott, direkt mit einer Sterblichen zu sprechen, und selten für einen Gott, sich mit einer Priesterin zu unterhalten, die nicht zu seinem eigenen Tempel gehörte. Außerdem war er der König der Götter, und so war sie überrascht, wie offen er ihr gegenüber war. Nach einer Weile wollte auch sie mit dem König zusammen sein.

Sie vereinbarten, sich regelmäßig zu treffen. Da die Priesterin wusste, dass sie gegen den Willen der Göttin, der sie diente, handelte, war sie vorsichtig, um nichts zu verraten. Bei ihren Treffen verkleidete sich Jupiter als eine schwarze Wolke.

Juno's Verdacht

Juno war es nicht fremd, dass die Augen ihres Mannes umherwanderten. Mit mehr Affären als sie zählen konnte, hatte ihre Eifersucht ein Ausmaß erreicht, das sie oft nicht mehr unter Kontrolle hatte.

Sie wusste, dass ihr Mann ihren Palast jeden Tag zur gleichen Zeit verließ und sich in der Nähe ihres Tempels in einem bestimmten Stadtteil Roms aufhielt. Immer misstrauischer werdend, beschloss sie, ihm eines Tages zu folgen und ihn auf frischer Tat zu ertappen.

Jupiter war sich der Eifersucht seiner Frau durchaus bewusst. Als die Treffen mit Io immer häufiger wurden und er längere Zeit nicht zu Hause war, fand er eine clevere Lösung. Er wusste, dass seine Frau versuchen würde, ihn auf frischer Tat zu ertappen. Er hielt ein wachsames Auge auf sie. Eines Tages sah Jupiter, dass seine Frau auf dem Weg war. Mit dem Einverständnis seiner Geliebten verwandelte er Io in eine weiße Kuh, die am Ufer des Flusses weidete. Damit wollte er Io vor dem Zorn der Juno schützen.

Die dunkle Wolke des Jupiter hing über der Kuh, die gerade graste, als Juno eintraf. Doch Juno war nicht dumm. Nachdem sie sich über die Schönheit und Einzigartigkeit der Kuh geäußert hatte, bat sie Jupiter, sie ihr zu schenken. Diese Kuh stand verdächtig unter der großen Obhut von Jupiter, und sie hatte eine Ahnung, warum.

Jupiter wusste, dass er sich nicht weigern konnte, ihr die zur Priesterin gewordene Kuh zu geben. Um seine Untreue und seine Geliebte zu verbergen, willigte er ein, ihr die Kuh zu geben. Da er wusste, dass er für den Moment besiegt und sein Geheimnis noch immer sicher war, verließ er den Palast und ging zurück.

Juno hatte nun die Oberhand. Sie schickte die Kuh mit ihrem treuen Diener Argus los, der 100 Augen hatte. Die Augen schlossen sich selten alle auf einmal; sie wusste, dass Argus jeden Fluchtversuch verhindern würde. Da Argus die Kuh ständig überwachte, glaubte Juno, dass die Angelegenheit erledigt war.

Merkur und Argus: Die vielen Geschichten der Langeweile

Als Jupiter erfuhr, was Juno seiner Geliebten angetan hatte, war er verzweifelt. Er fühlte sich schuldig, weil er Io für alle Ewigkeit in dieser Form gehalten hatte. Schließlich war es nicht ihre Schuld, dass er mit Versprechen zu ihr gekommen war, die er nicht halten konnte. In seinen Gewissensbissen bat Jupiter seinen Sohn Merkur um Hilfe. Sein Sohn hörte sich seine Geschichte an und beschloss, seinem Vater bei der Befreiung der Priesterin zu helfen.

Merkur ging auf Argus zu und setzte sich zu dem Diener. Argus, der nicht viele Besucher empfing, begrüßte den Gott zunächst. Merkur erzählte Geschichten von Intrigen und versuchte, die Aufmerksamkeit des Wesens zu gewinnen. Seine silberne Zunge erzählte viele Geschichten, und er schweifte ab und schwärmte über die Angelegenheiten der Götter und Sterblichen. Während er tratschte und Argus Geschichten erzählte, die keinen Sinn hatten und keinen Sinn ergaben, schlief das Wesen ein.

Er tötete das Tier, als es schlief, und befreite Io, die noch immer in eine Kuh verwandelt war. Nun, da sie frei war, wanderte sie durch die Lande und wartete darauf, dass Jupiter sie in ihre frühere sterbliche Gestalt zurückverwandelte.

Das Gelübde des Jupiter

Als Juno den Verrat von Merkur und Jupiter entdeckte, entlud sich ihr Zorn. In ihrem Zorn und zur Strafe ließ sie eine Bremse los, die die Priesterin bis in alle Ewigkeit stechen sollte. Um ihre gefallene Dienerin zu ehren, verschmolz sie ihren geliebten Vogel mit den vielen Augen des Argus. Das Ergebnis war ein wunderschön geschmückter Vogel, der heute als Pfau bekannt ist, mit einem stets wachsamen Blick

Io rannte vor der Fliege weg, so schnell sie konnte, aber die Fliege konnte sie immer noch schmerzhaft stechen. Sie spürte nie eine Erleichterung von den Stichen; die Fliege fand sie immer, egal wie sehr sie sich vor ihr versteckte.

Jupiter, der es bereute, dass Io an seiner Stelle bestraft wurde, schwor Juno einen Eid. Wenn sie die Priesterin freilassen würde, würde er die Priesterin für den Rest ihres Lebens nicht mehr verfolgen. Er würde Io in Ruhe lassen.

Juno löste ihre Kontrolle über die Eintagsfliege, die Io in Ruhe ließ und davonflog. Erleichtert, dass Juno ihr Wort gehalten hatte, befreite er Io aus der Gefangenschaft des Körpers einer Kuh. Am Ende hielt Jupiter sein Gelübde und sah sie nie wieder.

Io, die erste ägyptische Göttin

Io war dankbar für ihre Chance, wieder in ihrem eigenen Körper zu leben. Sie wollte nicht mehr mit Jupiter zusammen sein; er war es nicht wert, ihr Leben zu opfern oder den Zorn seiner Frau auf sich zu ziehen. Sie packte ihre Sachen und verließ Rom auf der Suche nach einem neuen Ort, an dem sie sich niederlassen konnte.

Die ehemalige Priesterin fand ihre neue Heimat in Ägypten. Dort erregte sie die Aufmerksamkeit des ägyptischen Königs und wurde seine Frau. Sie verbrachte den Rest ihrer Tage in Luxus, weit weg vom Chaos in Rom. Als sie starb, stieg sie in den Himmel auf und wurde die erste Göttin Ägyptens.

Schlussfolgerung

Das Ende dieses Mythos war eine ruhige Auflösung mit einem Happy End für die Priesterin. Im Gegensatz zu den meisten anderen Liebhabern Jupiters ging es ihr besser, als sie in Rom gelebt hatte. Die Lehre aus diesem Mythos ist, sich nicht Hals über Kopf in die Lust zu stürzen. Io und Jupiter veranschaulichen, dass man sich nicht einmischen sollte, wenn jemand eine romantische Beziehung zu einem anderen hat. Jemand wird zwangsläufig verletzt werden. Jupiter kann vielleicht mit den zahlreichen Liebhabern in den Mythen davonkommen, aber die Realität ist viel chaotischer.

Kapitel 9: Bacchus und Ariadne

Die Liebe war eine der mächtigsten Kräfte im römischen Pantheon. Mit Venus als Hauptgottheit und mit Wurzeln, die direkt mit der Gründung Roms verbunden sind, war die Liebe in all ihren Formen eine allumfassende Macht. Rom hatte eine gewalttätige Vergangenheit, sowohl im historischen als auch im mythologischen Kontext, aber die Römer waren auch für ihre Vorliebe für Romantik bekannt.

Der Mythos von Bacchus und Ariadne ist ein Mythos voller Verrat und der Unausweichlichkeit der Liebe. Die Liebe kam aus einer unerwarteten Quelle, aber das Ergebnis war eine ewige, ewige Verbindung.

Bacchus und die Piraten

Bacchus war der Gott des Weins, aber er konnte sich wie alle Götter in verschiedene Gestalten verwandeln. Eine seiner Fähigkeiten war die Fähigkeit, aus einer Laune heraus Weinstöcke voller Trauben und Obstgärten mit reifen Früchten wachsen zu lassen.

Bacchus wanderte oft in verschiedenen Formen durch die Welt, und an diesem Tag wollte er die Gestalt eines jungen, wohlhabenden Menschen annehmen, um mit einigen Einheimischen zu verkehren. Er liebte es, mit den Sterblichen zu feiern und bot oft Wein und eine wunderbare Zeit an.

Diesmal trug er Schmuck, der mit Edelmetallen und Juwelen verziert war.

Piraten hatten ihn aus der Ferne entdeckt und entführten ihn. Sie knebelten ihn und banden seine Hände und Füße zusammen. Bacchus belauschte die Pläne, ihn für ein Lösegeld zu verstecken, während sie ihn an den Mast ihres Schiffes banden. Als sie davonsegelten, begann Bacchus, seinen eigenen Plan zu schmieden.

Als die Nacht hereinbrach und das Wasser tief wurde, ließ Bacchus Ranken aus den Tiefen des Meeresbodens aufsteigen. Sie verhedderten sich im Schiff und erwürgten viele der Männer. Bacchus verwandelte sich in einen Löwen, der diejenigen, die ihn entführt hatten, zerkratzte und biss. Der Rest der Piraten warf sich über Bord, um der Zerstörung zu entgehen.

Da niemand mehr auf dem Schiff war, segelte Bacchus zur Insel Naxos, wo seine zukünftige Geliebte wartete.

Ariadne und der Verrat

Ariadne, die Tochter des Königs Minos, war einst die Geliebte von Theseus, dem Töter des Minotaurus. Sie hatte ihm, als er ihren Vater verriet, geholfen, seinen Standort im Labyrinth zu bestimmen, indem sie ihm ein Schnurknäuel gab. Nachdem er den Minotaurus erschlagen hatte, segelte er zur Insel Naxos, um seinen Sieg zu feiern.

In seiner Eile, zum nächsten Abenteuer aufzubrechen, hatte er seine geliebte Ariadne auf der Insel zurückgelassen, wo sie oft am Ufer wartete und auf seine Rückkehr hoffte. Es ist umstritten, ob das Verlassen der Insel durch einen göttlichen Akt wie Minerva geschah oder ob er Zweifel daran hatte, eine kretische Prinzessin zur Königin von Athen zu machen. Seine Motive könnten eine Kombination aus beidem gewesen sein.

Sicherlich hatte er gemerkt, dass er sie verlassen hatte. *Er würde bald zurück sein*, dachte sie. Es vergingen Monate, bis ihr klar wurde, dass er nicht zu ihr zurückkommen würde. Sie sehnte sich danach, von der Insel wegzukommen und wartete geduldig auf ihre Chance zur Flucht.

Die alte schlafende Schönheit

Bacchus ließ das Schiff nach seiner Landung an die Insel andocken. Während er auf der Insel umherwanderte, bot er den Einheimischen Wein an und ließ sich von einer Schar fröhlicher Männer überall hin begleiten. Er hatte sich auf dem Weg zur Insel in den wohlhabenden jungen Mann zurückverwandelt. Er und seine Rekrutengruppe zogen auf der Suche nach einer Beschäftigung über die Insel.

Er fand Ariadne schlafend am Ufer, während die Wellen sanft das Land neben ihr küssten. Sie lag dort schon eine ganze Weile, ihre Kleider waren schmutzig, als hätte sie sich nicht bewegt. Bacchus verliebte sich auf der Stelle in sie, als hätte Amor einen Pfeil abgeschossen und ihn getroffen. Er wartete bei ihr, bis sie wieder zu sich kam.

Ariadne erwachte und fand den Gott des Weines über sich schwebend. Benommen kam sie mit der Hilfe von Bacchus langsam wieder auf die Beine. Sie erzählte von ihrem

Liebeskummer und dem Verrat ihrer früheren Liebe, wie er sie allein auf der Insel zurückgelassen hatte.

Bacchus, wütend auf Theseus, aber dankbar, dass er sie verlassen hatte, bat sie, ihn zu heiraten. Er versprach ihr, sie niemals zu verlassen, wie es ihre frühere Liebe getan hatte, und würde ihr treu und standhaft bleiben.

Sie bewunderte sein Gewand und seine überirdische Schönheit. Sie willigte ein, ihn zu heiraten, und Jupiter beschloss, ihr Unsterblichkeit zu verleihen. Als Geschenk für die neue Braut und Göttin hatte Venus ihr zur Feier des Tages eine Krone angefertigt, die dann zu einem Sternbild namens Corona wurde.

Ariadne und Bacchus bekamen mehrere gemeinsame Kinder, so dass die Geschichte ein glückliches Ende fand.

Eine dunkle Variante

In einigen Varianten der Mythen wurde angenommen, dass Bacchus selbst Theseus vorgeschlagen hatte, seine Liebe aufzugeben. Als er auf den Gott hörte, ließ er Ariadne auf der Insel zurück.

In ihrem Kummer hatte sie sich erhängt und wurde in die Unterwelt geschickt, wo sie ihr Schicksal auf den Feldern der Trauer erwartete. Bacchus rettete sie jedoch vor diesem Schicksal, ließ sie wieder auferstehen und heiratete sie.

Die Verewigung ihrer Liebe

In der Renaissancezeit malte ein Maler namens Titius die Szene der Begegnung zwischen Bacchus und Ariadne. In dieser Szene wurde der Wagen von Bacchus von zwei Geparden gezogen, und er machte Ariadne einen Heiratsantrag. Als sie den Antrag annahm, wurde sie Teil des Sternbilds Nord.

Schlussfolgerung

Auch wenn sich der größte Teil der römischen Mythologie und Kultur um die Faszination des Todes drehte, gab es hin und wieder eine Unterbrechung des Chaos und eine schöne Liebesgeschichte. In der Geschichte von Bacchus und Ariadne war die ewige Liebe ein Höhepunkt der Romantik, der nicht oft mit viel Gewalt verbunden war. Sie vermittelte die Hoffnung, nach dem Verlassenwerden eine neue Liebe zu finden, ein Thema, das bis heute anhält.

Kapitel 10: Pluto und der Fluss Styx

Als letztes Kapitel des Buches endet es mit der Erläuterung des letzten Lebensabschnitts: dem Tod. Pluto, der Gott des Todes und König des Reiches, spielte eine wichtige Rolle in den Ritualen des Jenseits.

Pluto war ein unbedeutender Gott in der Welt des römischen Pantheons. Die wenigen Mythen, die sich um ihn drehten, waren sehr selten. Als König der Unterwelt genoss er Respekt, Furcht und Bewunderung bei den Römern.

Über den wahren Ursprung des Mythos, der sich um den Fluss Styx drehte, ist nicht viel bekannt. Die Fabel in diesem Kapitel steht jedoch in direktem Zusammenhang mit den Bräuchen und Verfahren, die nach dem Tod römischer Bürger befolgt wurden.

Pluto und die Unterwelt

Nachdem er, Jupiter und Neptun ihren Vater Saturn gestürzt hatten, wurde Pluto mit der Herrschaft über die Toten beauftragt. In die Düsternis der Unterwelt gekleidet, herrschte er sowohl mit Fairness als auch mit Grausamkeit. Wie jeder Gott des römischen Pantheons wurde er von den sterblichen Seelen, über die er herrschte, respektiert und gefürchtet. Pluto war der König des gesamten Landes unter der Erde. Während die meisten anderen Götter glanzvolle Positionen innehatten, bekleidete der Herr der Toten eine der wichtigsten.

Die Römer glaubten, dass das Leben, das sie führten, mit der Art der Behandlung zusammenhing, die sie im Tod erhalten würden. Die Ehrenhaftesten erhielten Frieden, die Schrecklichsten ewige Folter. Die Unterwelt bestand aus mindestens vier verschiedenen Ebenen: Tartarus, die Felder der Trauer, die Asphodel-Wiesen und die Felder des Elysiums.

Tartarus

Der bekannteste Teil der Unterwelt, der Tartarus, war eine riesige Grube in der Unterwelt, in der die Abscheulichsten des Lebens untergebracht waren und gefoltert wurden. Ihre Bestrafung entsprach ihren Verbrechen in der Welt der Lebenden. Zu den auffälligsten Merkmalen gehörten die ständigen blutigen Schmerzensschreie, abgesehen davon, dass es sich um die größte Grube in den römischen Fabeln handelte.

Die Felder der Trauer

Die Felder der Trauer waren für diejenigen reserviert, die im Liebeskummer dahinsiechten. Sie irrten ziellos in rauchigen Nebeln über die Felder. Diejenigen, deren Kummer so stark war, dass sie die Ursache ihres ewigen Leidens nie vergessen konnten, wohnten hier. Virgil ordnete zum Beispiel Dido, die Geliebte des Aeneas, in diese Ebene ein.

Die Asphodel-Wiesen

Über die Wiesen war nicht viel bekannt; man glaubte, dass sie Seelen beherbergten, die weder außergewöhnliche Taten noch Gräueltaten vollbrachten. Die Wiesen waren für diejenigen reserviert, die gewöhnlich waren und ein neutrales, bedeutungsloses Leben führten. Die Seelen verschwanden entweder oder warteten auf ihre Rückkehr zur Reinkarnation auf der Erde.

Die Felder von Elysium

Die Felder des Elysiums waren nur für die Besten der Besten reserviert. Dies waren die Seelen der außergewöhnlichen Sterblichen, die sich ihr Recht auf ein Leben ohne Schmerzen und Leiden verdient hatten. Der Vater von Aeneas wurde von den drei Richtern bei seiner Ankunft in der Unterwelt hierher gebracht.

Charon und der Fluss Styx

Um den Fluss Styx oder den Fluss der Toten zu überqueren, musste nach dem Tod eine Gebühr entrichtet werden. Es lag in der Verantwortung der Angehörigen des Verstorbenen, dafür zu sorgen, dass der Wegzoll entrichtet wurde. Bei den Begräbnisvorbereitungen und -ritualen wurde eine Goldmünze unter die Zunge oder auf die geschlossenen Augenlider des Toten gelegt. Diejenigen, die sich den Wegzoll nicht leisten konnten, waren dazu bestimmt, zwischen den Welten umherzuwandern, ohne je zu einer von ihnen zu gehören.

Nach dem Tod wurde die Seele des Sterblichen von Merkur begrüßt, der sie dann zum Fluss Styx führte. Der Fährmann, Charon, wartete auf sie; sie zahlten den Zoll, wenn sie konnten, und krochen an Bord der Fähre.

Cerberus

Nach der langen Fahrt mit der Fähre über den Fluss ging die Seele an Bord, um den Wächter der Unterwelt zu finden. Cerberus war eine furchterregende, dreiköpfige Bestie von einem Hund, der die Tore des Eingangs zur Unterwelt bewachte. Jeder, der die Tore betrat, durfte bleiben. Niemandem war es jedoch erlaubt, das Tor zu verlassen. Seine Aufgabe war es, dafür zu sorgen, dass niemand die Unterwelt verließ, mit einer Handvoll Ausnahmen, darunter Aeneas.

Die drei Richter

Pluto mag der König gewesen sein, aber er übertrug die tägliche Aufgabe, die Sterblichen zu platzieren, an drei Richter. Das Gremium dieser drei Richter bestand aus Rhadamanthus, einem Sohn von Jupiter und Europa, Minos, der einer der Brüder von Rhadamanthus war, und Aeacus, dem Sohn von Jupiter und Aegina. Die Richter wägten das Leben jeder sterblichen Seele ab und ordneten sie der entsprechenden Zone zu.

Schlussfolgerung

Der Glaube an die römischen und griechischen Begräbnistraditionen und an den Verbleib der Seelen war ein interessanter Blick auf die Beziehung zwischen dem Tod und dem Leben, das ein Mensch geführt hatte. Einige der Rituale ähnelten denen von heute, wobei der Glaube an ein Leben nach dem Tod ein universelles Konzept sowohl in der Vergangenheit als auch in der Gegenwart ist.

Ganz gleich, wie viel Zeit vergangen ist, das römische Pantheon mit seinen Fabeln, Mythen und Legenden wird auch in der heutigen Zeit noch fesseln und inspirieren. Während die Mythen selbst unterhaltsam waren, hatte jeder Mythos mindestens ein Thema und eine Lektion, die es zu lernen galt. Die Legenden wurden von Generation zu Generation durch die überlieferten epischen Gedichte von Homer, dem Autor der *Ilias* und der *Odyssee,* und Vergil weitergegeben. In der Neuzeit sind diese Mythen zur Inspiration für zahlreiche Filme, Fernsehsendungen und Bücher geworden.

Ich hoffe, es hat Ihnen Spaß gemacht, mehr über die faszinierende Welt der römischen Mythologie zu erfahren! Ich lade Sie ein, einen Blick auf meine anderen Bücher auf Amazon zu werfen, die sich mit der Mythologie verschiedener alter Kulturen befassen, nämlich der griechischen, nordischen, keltischen und ägyptischen.

Referenzen

Adhikari, S. (2018, January 12). Top 10 Popular and Fascinating Myths in Ancient Rome. *Ancient History Lists.* https://www.ancienthistorylists.com/rome-history/top-10-interesting-roman-mythology/

Aeneas |Myth & Family| Britannica. (n.d.). Retrieved July 5, 2022, from https://www.britannica.com/topic/Aeneas

Alford, C. (2017, May 2). An Ancient Greek Love Story: Titian's Bacchus and Ariadne. *Nouvelle Art.* https://nouvelleartsite.wordpress.com/2017/05/02/an-ancient-greek-love-story-titians-bacchus-and-ariadne/

Anderson, W. Scovil (2020, May 18). *Aeneas. Encyclopedia Britannica.* https://www.britannica.com/topic/Aeneas

Ascanius | Roman mythology | Britannica. (n.d.). Retrieved July 4, 2022, from https://www.britannica.com/topic/Aeneas

Atsma, A. J. (2017). *NYX - Greek Primordial Goddess of the Night (Roman Nox).* https://www.theoi.com/Protogenos/Nyx.html

Brigden, J. (n.d.). *Who were the major Roman gods and goddesses?* Sky HISTORY TV Channel. Retrieved July 2,

2022, from https://www.history.co.uk/articles/who-were-the-major-roman-gods-and-goddesses

Cavazzi, F. (2021, December 17). *The Roman Pantheon of Gods*. The Roman Empire. https://roman-empire.net/religion/list-of-gods/

Claudia. (2021, October 8). *15 Famous Rome Myths And Legends*. https://strictlyrome.com/famous-rome-myths-and-legends/

Garcia, B. (2013, September 1). *Minotaur*. World History Encyclopedia. https://www.worldhistory.org/Minotaur/

Geurber, H. A. (n.d.). *The full myth*. Proserpina and Pluto. Retrieved July 6, 2022, from http://proserpinaandpluto.weebly.com/the-full-myth.html

Gill, N. S. (2020, January 29). *Fall of Rome—Common Theories and Causes*. ThoughtCo. https://www.thoughtco.com/reasons-for-the-fall-of-rome-118350

Grant, M. (2016, May 2). *Roman religion—Priests | Britannica*. https://www.britannica.com/topic/Roman-religion/Beliefs-practices-and-institutions

GreekMythology.com, T. Editors of Website (2021, April 08). Ariadne. GreekMythology.com.

https://www.greekmythology.com/Myths/Mortals/Ariadne/ariadne.html

GreekMythology.com, T. Editors of Website (2015, January 24). Rhadamanthus. GreekMythology.com. https://www.greekmythology.com/Myths/Figures/Rhadamanthus/rhadamanthus.html

GreekMythology.com, T. Editors of Website (2021, April 08). The Underworld. GreekMythology.com. https://www.greekmythology.com/Myths/Places/The_Underworld/the_underworld.html

Heli, R. (2012). *Ancient Roman Holidays & Festivals at The Detective & the Toga.* https://www.histmyst.org/festivals.html

Journey of Aeneas—Citizendium. (2021, January 27). https://en.citizendium.org/wiki/Journey_of_Aeneas

Kiran. (2022, May 11). Cassandra: The Trojan Priestess of Apollo From Greek Mythology -. *Dreams and Mythology.* https://dreamsandmythology.com/cassandra-greek-mythology/

Land, G. (2021, September 1). *The 12 Gods and Goddesses of Pagan Rome.* History Hit. https://www.historyhit.com/the-gods-and-goddesses-of-pagan-rome/

Law, E. (2018, March 1). *Veni, Vidi, Vici: Origin of the Saying "I Came, I Saw, I Conquered."* Culture Trip. https://theculturetrip.com/europe/italy/articles/veni-vidi-vici-origin-of-the-saying-i-came-i-saw-i-conquered/

Marta. (2021, November 23). Roman Mythology: 18 most famous ancient Rome myths and legends you need to know. *Mama Loves Rome.* https://mamalovesrome.com/roman-mythology-and-legends/

Mythical Creatures. (n.d.). Roman Mythology. Retrieved July 3, 2022, from http://romanmythologyinfo.weebly.com/mythical-creatures.html

Professor Geller. (2016, October 26). *Ceres—Roman Goddess of Agriculture.* Mythology.Net. https://mythology.net/roman/roman-gods/ceres/

Professor Geller. (2016, November 18). *Faun—Roman Mythological Half Human Half Goat.* Mythology.Net. https://mythology.net/roman/roman-creatures/faun/

Professor Geller. (2016, November 1). *Vesta—Roman Virgin Goddess of Home and Family.* Mythology.Net. https://mythology.net/roman/roman-gods/vesta/

Singh, Y. (2022, February 22). *The Rise of Christianity in Ancient Rome.* https://historyten.com/roman/rise-christianity-ancient-rome/

The Underworld. (n.d.). Retrieved July 7, 2022, from https://www.greekmythology.com/Myths/Places/The_Underworld/the_underworld.html

Wasson, D. L. (2018, May 8). *Roman Mythology—World History Encyclopedia.* https://www.worldhistory.org/Roman_Mythology/

12 major Roman gods you need to know about! (2020, November 7). *Museum Facts.* https://www.museumfacts.co.uk/romans-gods/